AF330780

ESSAI

SUR

LES RÉFORMES A FAIRE

DANS

NOTRE LÉGISLATION

CRIMINELLE.

ESSAI

SUR

LES RÉFORMES A FAIRE

DANS

NOTRE LÉGISLATION

CRIMINELLE;

Par M. *VERMEIL*, *Avocat au Parlement de Paris.*

A PARIS,

Chez { SAVOYE, & DELALAIN le jeune, } Libraires, rue Saint-Jacques.

M. DCC. LXXXI.

Avec Approbation, & Permission.

AVIS

DE L'ÉDITEUR.

Dans un Journal très-répandu (1), à la date du 14 Octobre 1780, se trouvent les Observations qui suivent.

« Ni les Anciens ni les Mo-
» dernes n'ont encore eu la
» gloire de se donner un bon
» Code pénal; c'est qu'une pa-
» reille Législation ne pouvoit
» s'accomplir qu'au sein de cette
» Philosophie qui sait étudier

―――――――――――――

(1) Le Mercure de France, N° 42, p. 64.

a iij

» les chofes & les hommes,
» combiner les devoirs & les
» droits, tout voir & bien voir,
» fe défier de fa raifon comme
» des opinions établies, & s'ar-
» rêter quelquefois au milieu
» de fon ouvrage pour renfor-
» cer la jufteffe de fes vues,
» l'impartialité de fon efprit,
» & cette vigilance de la con-
» fcience d'un homme de bien
» qui doit fouvent le retenir
» dans fes penfées comme dans
» fes actions. Ce grand ouvrage
» d'ailleurs avoit befoin d'être
» préparé par la difcuffion pu-
» blique, fans laquelle un Lé-
» giflateur , même celui qui
» réuniroit la vertu & le génie,

» rifquera toujours de faire un
» ouvrage imparfait. Après l'ex-
» périence des faits, rien de
» plus précieux pour la Légif-
» lation que la comparaifon
» des penfées : il importe même
» de laiffer mûrir la difcuffion
» publique avant d'en faire
» ufage ; & ce fera peut-être
» une véritable fageffe à nous,
» de n'avoir pas trop précipité
» le grand ouvrage de la ré-
» forme de nos Loix criminelles.

» Ce fut un beau moment
» dans l'hiftoire de notre Mo-
» narchie, que celui où Louis
» XIV interrompit fes con-
» quêtes pour donner des Loix
» à fes Peuples. Les Membres

» les plus diſtingués du Conſeil
» & du Parlement, réunis pour
» rédiger deux Codes de Loix,
» forment un ſpectacle bien
» intéreſſant. Mais ce magnifi-
» que ſiecle des Arts n'étoit
» point encore celui de la
» Légiſlation : on n'avoit pas
» encore diſcuté les grands
» principes de l'ordre ſocial,
» on ignoroit même une partie
» des droits de l'homme; on ne
» ſavoit pas ſortir d'un objet
» particulier pour ſaiſir ſes rap-
» ports avec d'autres objets;
» on ne ſavoit pas non plus ſe
» placer dans les grands points
» de vue, où le Légiſlateur
» doit toujours habiter: mal-

» heureusement encore , des
» deux hommes qui se sont le
» plus appliqués à la rédaction
» de ces Loix, ce fut celui
» qui avoit le plus de mérite
» qui y eut le moins de part.
» Pussort avoit de l'ordre & de
» la sagacité dans l'esprit, mais
» il n'avoit que cela des qua-
» lités du Législateur. Il a fait
» avec courage la guerre à la
» chicane dans l'Ordonnance
» civile: mais dans l'Ordon-
» nance criminelle, il semble
» ne s'être proposé que le suc-
» cès de l'accusation. Le Pré-
» sident de Lamoignon n'a -
» voit pas si bien étudié l'ordre
» des procédures ; mais ses

» principes de Jurisprudence
» étoient bien plus sains &
» bien plus élevés : il avoit un
» cœur humain, un esprit gé-
» néreux ; & il réclame sou-
» vent le droit naturel pour
» les hommes livrés à la Justice,
» & des libertés honorables,
» mais peut-être dangereuses,
» pour ceux qui l'exercent. Il
» est souvent inférieur à Pussort
» dans ses discussions sur l'Or-
» donnance civile ; mais dans
» celles de l'Ordonnance cri-
» minelle, il rend souvent
» odieux le triomphe que Pus-
» sort a obtenu sur lui ».

L'Auteur de ces Observa-
tions apprécie ensuite avec di-

gnité, juftelfe & précifion, le peu d'Ouvrages qui paroiffent préfenter quelques idées d'une réforme utile.

« Ils ont, dit-il, glorieufe-
» ment ouvert une carriere qui
» refte encore toute entiere à
» parcourir. Une Société de
» Philofophes amis du bien
» public, a propofé depuis trois
» ans un Prix pour cet Ouvrage:
» elle n'a pas encore adjugé ce
» Prix; il faut du temps ainfi
» que de grands talents pour le
» mériter. Mais aucun Gouver-
» nement n'a encore follicité
» fur cet objet les lumieres &
» les fecours des Jurifconfultes
» & des Philofophes.... Quel

» Gouvernement voudra s'ho-
» norer par les travaux du génie ?
» C'est à ma Patrie sur-tout que
» j'ose adresser cette invitation.
» Je vois autour du Trône des
» hommes que la renommée de
» leurs Ecrits avoit désignés
» pour la place qu'ils occupent :
» j'en vois d'autres qui étoient
» dignes d'éclairer leur pays
» comme de le servir : je vois
» sur le Trône un Prince à qui
» on ne peut proposer trop de
» moyens de connoître & de
» faire le bien. Combien celui-
» ci mériteroit d'être adopté
» par sa sagesse ! Il fut un pays
» où le vœu que j'expose ici
» étoit une Loi de l'Etat. Quoi

» de plus augufte & de plus
» touchant que cette procla-
» mation que l'on entendoit à
» Athenes dans les jours les
» plus folemnels : *Que tout Ci-*
» *toyen qui a des vues utiles*
» *monte à la Tribune, & vienne*
» *parler au Peuple* » !

Un Jurifconfulte, dans les
mains duquel ce Journal eft
tombé les Vacances dernieres,
a cru, d'après cette invitation
publique, non pas devoir mon-
ter à la Tribune, mais propofer
fes réflexions fur nos Loix pénales avec la modeftie qu'im-
pofe l'importance d'une pareille matiere. C'eft aux Lec-

teurs éclairés de juger fi elles peuvent être auffi utiles, que le motif qui les a produites eft louable.

TABLE.

PREMIERE PARTIE.

Des Délits & des Peines en général.

SECONDE PARTIE.

Des différentes peines applicables aux différents genres de délits.

TROISIEME PARTIE.

De l'Instruction.

Parallele de notre instruction criminelle

APPROBATION.

J'AI lu par ordre de Monseigneur le Garde des Sceaux un Manuscrit ayant pour titre : *Essai sur les Réformes à faire dans notre Législation Criminelle,* par M. V***, Avocat au Parlement. La maniere noble & précise avec laquelle cet Ouvrage est traité, me fait penser qu'il sera favorablement accueilli du Public. Paris, ce 12 Janvier 1781.

LALAURE.

PERMISSION.

LOUIS, par la grace de Dieu, Roi de France &
de Navarre : A nos amés & féaux Conseillers,
les Gens tenans nos Cours de Parlement, Maistres des
Requestes ordinaires de notre Hôtel, Grand Conseil,
Prevôt de Paris, Baillifs, Sénéchaux, leurs Lieute-
nans Civils, & autres nos Justiciers qu'il appartien-
dra : SALUT. Notre amé le Sieur V***, Avocat au
Parlement de Paris, Nous a fait exposer qu'il desire-
roit faire imprimer & donner au public un Ouvrage de
sa composition, intitulé : *Essai sur les Réformes à faire
dans notre Législation Criminelle*; S'il Nous plaisoit lui
accorder nos Lettres de Permission pour ce nécessaires. A CES CAUSES, voulant favorablement traiter
l'Exposant, Nous lui avons permis & permettons par
ces Présentes de faire imprimer ledit Ouvrage, autant
de fois que bon lui semblera, & de le vendre, faire
vendre & débiter par tout notre Royaume, pendant
le temps de CINQ ANNÉES consécutives, à compter du Jour de la date des Présentes. FAISONS
défenses à tous Imprimeurs, Libraires & autres personnes, de quelque qualité & condition qu'elles
soient, d'en introduire d'impression étrangere dans
aucun lieu de notre obéissance; à la charge que ces
Présentes seront enregistrées tout au long sur le
Registre de la Communauté des Imprimeurs & Libraires de Paris, dans trois mois de la date d'icelles;
que l'impression dudit Ouvrage sera faite dans notre
Royaume & non ailleurs, en bon papier & beaux
caractères; que l'Impétrant se conformera en tout aux
Réglemens de la Librairie, & notamment à celui
du 10 Avril 1725, & à l'Arrêt de notre Conseil
du 30 Août 1777, à peine de déchéance de la
présente Permission; qu'avant de l'exposer en vente,
le Manuscrit qui aura servi de copie à l'impression dudit Ouvrage, sera remis dans le même
état où l'approbation y aura été donnée, ès

mains de notre très-cher & féal Chevalier, Garde
des Sceaux de France, le Sieur HUE DE MIROMES-
NIL; qu'il en sera ensuite remis deux Exemplaires
dans notre Bibliothéque publique, un dans celle
de noftre Château du Louvre, un dans celle de
notre très-cher & féal Chevalier, Chancelier de
France, le sieur DE MAUPEOU, & un dans celle dudit sieur HUE DE MIROMESNIL : le tout à peine de
nullité des Préfentes; du contenu defquelles vous
mandons & enjoignons de faire jouir ledit Expofant
& ses ayans caufes, pleinement & paifiblement,
sans fouffrir qu'il leur foit fait aucun trouble ou em-
péchement : Voulons qu'à la copie des Préfentes,
qui fera imprimée tout au long, au commencement
ou à la fin dudit Ouvrage, foi foit ajoutée comme
à l'original. Commandons au premier notre Huiffier
ou Sergent fur ce requis, de faire, pour l'exécution
d'icelles, tous actes requis & néceffaires, fans demander autre permiffion, & nonobftant clameur
de Haro, Charte Normande & Lettres à ce contraires. Car tel eft notre plaifir. DONNÉ à Paris, le vingt-
quatrieme jour du mois de Janvier, l'an de grace
mil fept cent quatre-vingt-un, & de notre Règne
le feptieme. Par le Roi en fon Confeil. LEBEGUE.

*Regiftré fur le Regiftre XXI de la Chambre Royale
& Syndicale des Libraires & Imprimeurs de Paris,
N. 2269, fol. 440, conformément aux difpofitions énoncées dans la préfente Permiffion, & à la charge de
remettre à ladite Chambre huit exemplaires prefcrits
par l'article 108 du Réglement de 1723. A Paris, ce
26 Janvier 1781.* LECLERC, Syndic.

ESSAI

ESSAI

SUR

LES RÉFORMES A FAIRE

DANS

NOTRE LÉGISLATION

CRIMINELLE.

Il semble que le moment approche, où les droits de l'homme &
l'intérêt du corps social vont être
justement appréciés : les lumieres
répandues par la Philosophie, nous
ont convaincus de l'insuffisance de
nos Loix sur cet objet important
de l'Administration ; la cause de l'humanité semble exciter au moment

A

actuel une forte de fermentation dans les efprits ; des Couronnes Académiques font propofées à fes plus zélés défenfeurs , & la néceffité de la réforme eft déja comme annoncée dans des écrits publics.

Pour remplir une tâche fi noble , il faut connoître les droits de l'homme focial , le principe qui le fait agir ; diriger la pente de fon intérêt perfonnel vers le bien public ; apprécier les actions qui font vraiment utiles ou contraires aux intérêts de la Société ; punir les actions préjudiciables pour empêcher de nouveaux troubles ; employer le genre de peine le plus réprimant par fon oppofition avec le genre de vices qui les aura produits ; n'infliger de peines féveres que dans l'infuffifance reconnue de peines moins rigoureufes ; affurer dans une inftruction fage la juftification de l'innocence avec autant de zele que la conviction du crime ; marquer le terme où finit la liberté civile & où commence l'oppreſſion ; concilier enfin les égards dus au Citoyen, avec la protection due à la Société générale.

Dans quel Code des Nations trouverons-nous ſur une matiere auſſi intéreſſante des préceptes dont l'humanité puiſſe réclamer les avantages ? & comment arrive-t-il que la ſcience la plus utile aux hommes ait été ſi long temps méconnuè, tandis que les monumens des Arts atteſtent les progrès de l'eſprit humain dans preſque toutes les parties de la terre ?

L'Egypte fut la premiere qui, au milieu des ténebres de l'idolâtrie, donna au monde des leçons de ſageſſe : mais ſes Légiſlateurs eurent moins pour objet de réprimer les crimes que de contraindre à des actions louables (1). Ils crurent qu'on pouvoit faire à la multitude un devoir de la perfection ; & cette erreur fut peut - être celle de la vertu.

Le Législateur des Juifs, en instituant un Gouvernement Théocratique, leur présenta la regle de leurs devoirs comme prescrite par la Divinité ; il regarda leur infraction comme une offense faite à Dieu lui-même ; il mesura l'offense à la grandeur de l'offensé , & de-là la sévérité des châtimens contre tout infracteur de ces regles.

La Grece répandit quelques rayons de lumiere : mais les premieres Loix

---

(1) Il y eut des peines contre l'oisiveté ; celui qui pouvant sauver un homme attaqué ne le faisoit pas, étoit puni de mort comme l'assassin. *V. Diodore, liv.* 1, *pag.* 69.

d'Athenes étoient cruelles ; elles furent abrogées par Solon , qui ne conserva la peine de mort que contre les assassins.

Le Législateur de Lacédémone (1), en formant un Peuple de Guerriers , introduisit la licence dans les mœurs.

Platon, dans son *Projet de République*, fixa son attention sur l'homme vertueux ; il crut pouvoir imaginer pour lui un plan de Gouvernement aussi parfait que lui-même : sa Politique & sa Morale ne furent qu'un Roman ingénieux.

Les Romains protégerent les crimes favorables à leur agrandissement; ils méconnurent les droits de l'humanité, puisqu'ils admirent l'esclavage , & qu'ils s'arrogerent le droit de vie & de mort sur leurs esclaves & même sur leurs enfans.

____

(1) Lycurgue.

Dans quelques Contrées de l'Asie le despotisme s'assit sur le Trône comme un Dieu menaçant; il régna par la terreur, & les moindres crimes furent punis par des peines atroces (1).

Dans notre Europe, long-temps barbare, combien les progrès de la Législation ont dû être lents ? Que voyons-nous en effet dans ses différentes révolutions ? les irruptions des Nations du Nord déchirant entr'elles les dépouilles de l'Empire Romain; l'établissement du Gouvernement féodal, qui de Seigneurs puissans fit des Sujets rebelles, & dans les mains desquels le droit de

____

(1) Au Japon on punit de mort presque tous les crimes, parce que la désobéissance à un aussi grand Empereur que celui du Japon est un crime énorme, *Esprit des Loix*, *liv.* 6, *chap.* 13.

protéger produifit l'efclavage (1) ;
une Juftice fuperftitieufe & meurtriere , qui terminoit les conteftations par des combats , & laiffoit à
Dieu le foin de faire triompher l'innocent ; l'entreprife des guerres fain-
tes (2), où les Nations fe dégrade-
rent en fe communiquant leurs vices ; la découverte de l'Amérique &
l'or du Potofe employé par l'intrigue à acheter les places qui appar-
tenoient à la vertu ; les guerres civiles de Religion, le fanatifme allu-
mant des bûchers , égorgeant le
frere par le frere & le pere par le
fils.

Au milieu de ces ténebres épaiffes , l'Efpagne érigea un Tribunal
de fang ; elle confondit la caufe de
Dieu avec celle de l'ordre focial ;

----

(1) La fervitude réelle & perfonnelle.
(2) Les Croifades.

elle s'occupa moins des crimes de l'homme à l'homme que des crimes de l'homme à Dieu.

Après des fecouffes orageufes , un jour ferein parut luire fur l'Angleterre ; l'humanité y fut refpectée ; chaque Citoyen acquit le droit d'être jugé par fes pairs, & d'avoir un défenfeur ; il ne put être condamné à mort que par l'unanimité des fuffrages ; l'inftruction fut publique , & parut être fondée fur la préfomption de l'innocence : mais cette préfomption même a ouvert une voie trop facile à l'impunité.

Parmi nous, au contraire, la forme de l'inftruction s'eft établie fur la préfomption du crime, & paroît préparée pour le fuccès de l'accufation : auffi le fecret & la rigueur de cette inftruction ont - ils plus d'une fois compromis l'innocence.

Quant à nos Loix pénales, ouvrage

de plusieurs de nos Souverains, pro-
mulguées à des époques très - éloi-
gnées les unes des autres suivant les
besoins du moment , elles ne peuvent former un plan de Législation
suffisamment combiné : l'extrême rigueur des plus anciennes a influé
sur les plus récentes ; & quand nous
réunissons ces Loix éparses , nous
trouvons presque par - tout la peine
de mort & l'infamie.

Ces Loix punissent de mort ,
comme le crime de meurtre , les
profanations sacrileges (Edit de Juil-
let 1682) ; le crime de rapt (Ordonnance de Blois , art. 42) ; le
faux commis par un Officier public
(Edit de 1680) ; le faux témoignage
en matiere grave (Ordonnance de
1531) ; la fabrication de fausse monnoie (Déclaration de 1726) ; ceux
qui se servent de faux poinçons
dans les ouvrages d'orfévrerie (Dé-

claration du 24 Janvier 1724); les
Greffiers qui reçoivent au-delà du
falaire porté par les Réglemens,
quoiqu'il leur fût volontairement of-
fert (Ordonnance de Blois , article 160); la banqueroute fraudu-
leufe (Ordonnançe d'Orléans , article 143); le péculat (Ordonnance
de François Premier de 1545); les
contrebandiers attroupés au nombre
de cinq (Déclaration du 2 Août
1729); le vol domeftique le plus
modique (Déclaration du 30 Mars
1724); le vol dans les maifons avec
effraction, le vol fur les grands chemins & dans les rues , même fans
port d'armes (Ordonnance de François Premier du 15 Janvier 1534);
les rebellions à Juftice, même fans
homicide (Ordonnance de Blois ,
art. 190); le duel , par le feul fait
que l'on fe fera battu fans qu'il en
foit réfulté d'inconvéniens (Edit
de 1679, art. 13).

Quant à l'infamie, elle se trouve multipliée dans nos usages sous les différentes sortes de peines auxquelles nos Loix l'ont attachée; le fouet, la marque, la langue coupée ou percée, le poing coupé, le carcan, le pilori, les galeres, le banniſſement, l'amende - honorable, le blâme, le plus amplement informé indéfini, l'amende ſimple en matiere criminelle, & l'aumône au civil (1).

Pourquoi d'abord la peine de mort ſe trouve-t'elle auſſi fréquemment ordonnée dans notre Légiſlation ? les notions de la Morale ne ſe confondent - elles pas dans l'eſprit de la multitude ; lorſqu'elle voit des crimes ſi différens réprimés par le même genre de ſupplice? La peine

____

(1) Art. 7 & 13 du tit. 25 de l'Ordonnance de 1670.

A 6

de mort d'ailleurs n'eſt - elle pas
tyrannique , quand elle n'eſt pas
juſtifiée par la néceſſité ? n'eſt-elle
pas contraire même à l'intérêt de
l'Etat qu'elle prive de pluſieurs de
ſes membres , ſi l'on peut encore les
lui rendre utiles , en les condamnant
à des travaux qui tournent à l'avantage de la choſe publique ?

De cette extrême rigueur réſulte
l'inexécution de pluſieurs de nos
Loix. Dans le nombre de banque-
routes frauduleuſes dont nous ſom-
mes les témoins , quels ſont les débiteurs infideles qu'on punit aujour-
d'hui de mort ? Parmi les dépoſitaires
des deniers royaux , quels ſont ceux
que l'on condamne au dernier ſupplice pour avoir abuſé de leur caiſſe ?
& dans les duels même , malgré la ſévérité des Loix de Louis XIV , nous
ne voulons voir que des rencontres
imprévues , pour n'avoir point à in-

fliger contre le courage du faux
honneur, des peines qui femblent
deftinées au lâche affaffin. La Loi
qui preferit le fecret fur l'inftruction
criminelle, eft encore aujourd'hui affez
ouvertement violée ; il n'y a point
d'affaires importantes dans ce genre,
où l'on ne remette entre les mains
du défenfeur d'un accufé une copie
exacte de l'inftruction : nous avons
même vu affez récemment dans une
conteftation fameufe (1), l'inftruction
criminelle imprimée & rendue publique par toutes les Parties intéref-
fées.

De cette inexécution des Loix
réfulte la néceffité de les réformer ;
car le frein politique eft affoibli,
quand la Légiflation devient impuiffante & fans vigueur, même dans
la moindre de fes parties.

---

(1) L'Affaire des Srs de Queiffac & Damade.

Pourquoi, d'un autre côté , noter d'infamie des coupables qu'on laiſſe en liberté ? n'eſt-ce pas les mettre dans la néceſſité d'en faire un abus plus dangereux que celui qui a déjà mérité l'animadverſion de la Juſtice ? Quand un Citoyen n'eſt point aſſez dangereux pour le retrancher de la Société, il ne faut pas lui enlever le pouvoir d'effacer ſes torts par une conduite plus réguliere. Si la Juſtice imprime ſur ſon front le caractere de l'infamie , les gens de bien doivent le fuir ; alors ce malheureux rangé dans la claſſe des êtres les plus mépriſables , & ne pouvant devoir ſa ſubſiſtance à l'honnêteté , eſt obligé de la chercher dans de nouveaux crimes : ſi l'infamie au contraire ne produit pas l'effet qu'on en doit attendre dans l'opinion des hommes, la Loi n'eſt plus reſpectée, & le danger devient plus grand encore.

Parmi les condamnations infaman-
tes se trouve le bannissement hors
du Royaume : mais de quel droit
envoyons-nous chez l'Etranger des
sujets pervers ? si ce droit existe,
les Nations voisines peuvent user
de représailles , & que gagnerons-
nous à de pareils échanges?

S'il fut jamais permis d'espérer des
modifications salutaires dans cette
partie de notre Législation , c'est
sans doute sous le regne d'un jeune
Monarque, qui a appellé près de lui
les conseils de la sagesse & de l'expérience ; qui a déjà manifesté ses
égards pour l'humanité , en abolissant
la servitude dans les terres de son
Domaine ; en abrogeant la peine de
mort contre les déserteurs de ses
armées; en prescrivant les réformes
nécessaires dans ces prisons infectes
où l'innocence se trouve souvent
confondue avec le crime ; en sup-

primant les horreurs de cette torture préparatoire , impuiſſante vis-à-vis du ſcélérat robuſte, & meurtriere vis-à-vis de l'innocent trop foible pour réſiſter à la douleur.

Reſpeſtons les Loix. Mais la raiſon publique, dont elles font l'ouvrage, a ſes âges & ſes accroiſſemens ainſi que celle des individus ; & quand, éclairée par l'expérience des ſiecles & les exemples des autres Peuples , elle eſt parvenue à ſon point de maturité , elle doit ſe replier ſur elle-même pour réformer ſes erreurs , & conſacrer ſes efforts au bonheur de l'humanité.

Mon objet eſt donc ici de ſoumettre à l'Autorité bienfaiſante , des réflexions que l'amour du bien public a diſtées. Je ſens combien le point d'où je pars eſt élevé ; j'apperçois de tous côtés les obſtacles que de longs uſages & d'anciens préjugés m'oppofent: mais la tâche eft importante & noble ; & tel eft le plan que je me fuis tracé pour la remplir.

La *Premiere Partie* de cet Ouvrage traitera des délits & des peines en général.

La *Seconde*, de chaque nature de peines applicables à chaque efpece de délit.

La *Troifieme*, des réformes à faire dans notre inftruction criminelle.

PREMIERE PARTIE.

Des Délits & des Peines en général.

CHAPITRE PREMIER.

Du bien & du mal moral.

C'EST dans le cœur de l'homme qu'il faut en chercher le principe.

Qu'est-ce que l'homme d'abord ? un composé bizarre de foiblesse & de grandeur ; le plus nécessiteux des animaux dans son enfance, le plus superbe dans l'accroissement de ses forces & de ses facultés ; jouet de ses propres passions, il sait maîtriser en quelque sorte l'élément le plus terrible ; il met à profit juſqu'aux tempêtes pour parcourir dans un édiſice fragile le vaſte empire des mers , & rendre toutes les contrées de la terre tributaires de ſes beſoins, de ſes fantaiſies & de ſon luxe. Tantôt du haut de l'échelle des êtres où il eſt placé , il interroge la Nature ; il analyſe ; il décompoſe les ſubſtances. Tantôt il s'élance dans l'infini ; & comme s'il avoit dérobé à Dieu les ſecrets de la création , il meſure les diſtances de ces globes roulans dans l'immenſité de l'eſpace, ſemble aſſujettir leur marche rapide au calcul de ſa démonſtration ; & rentrant enſuite en lui-même, il gémit quelquefois ſur l'impoſſibilité de ſe définir le principe & la nature de ſon exiſtence.

Soulevons, ſans craindre d'être téméraires, une partie du voile qui les couvre ; c'eſt l'homme moral que nous cherchons ici ; c'eſt ſon penchant au bien ou au mal moral que nous allons apprécier.

Ne calomnions pas la nature humaine, & ne difons pas comme un Philofophe de nos jours (1), que l'intérét perfonnel, l'amour de foi eft le mobile unique de toutes les actions de l'homme : fon cœur eft placé entre deux refforts , s'il eft permis de parler ainfi ; la bienfaifance qui l'étend , l'intérêt perfonnel qui le refferre : l'Auteur de la Nature lui a imprimé le fentiment néceffaire de l'intérêt perfonnel ou de l'amour de foi, pour affurer fa confervation; il lui a donné celui de la bienfaifance , parce qu'il le deftinoit à vivre en fociété. Si l'un de ces refforts eft une fois brifé , l'homme veut tout facrifier à lui-même, ou facrifie tout à fon femblable. C'eft donc

____

(1) Helvétius, liv. de l'Efprit.

dans la balance de ces deux affections que confifte la fageffe humaine :
l'homme en eft le libre modérateur;
s'il ne l'étoit pas , la Loi qui le
puniroit feroit injufte.

Il exifte des regles de juftice an-
térieures à la formation des Sociétés
policées : *Ce que je poffede eft à moi ,*
s'il n'a été dérobé à perfonne ; fi ma
vie eft attaquée, je puis la défendre
aux rifques de donner la mort à mon
agreffeur : tel eft l'ufage permis de
l'affection qui confifte dans l'intérêt
perfonnel ou l'amour de foi. *Je fuis*
bienfaifant en fecourant mon femblable ;
je fuis vertueux en m'impofant des
facrifices pour l'obliger : tel eft l'ufage
louable de cette affection plus noble,
& qui eft comme le contre - poids
de la précédente.

Convenons-en cependant ; l'intérêt propre, heureufement modifié,
peut fournir une foule de citoyens

utiles. Si ces ames privilégiées, qui font le bien pour l'unique plaisir de bien faire, ne font pas communes; il en eft plusieurs qui le font pour les récompenfes pécuniaires, la considération , l'honneur, qui y font attachés. Ainsi l'amour de soi , cet agent presque univerfel de l'homme, éleve quelquefois une ame ardente à de grandes actions pour en recueillir la gloire ; comme c'eft lui qui dans une ame étroite porte envie aux fuccès , qui égare le voluptueux dans fes plaifirs , qui porte l'ambitieux aux plus injuftes entreprifes, le rival à l'animofité, l'offenfé à la vengeance , l'intrigant à l'infidélité , & le voleur à s'emparer du bien d'autrui. Législateurs , qui voulez la profpérité des Nations que la Providence a placées entre vos mains, connoiffez bien le cœur humain ! croyez qu'en général vous

gouvernerez les hommes par leur intérêt perſonnel; tâchez de lier les intérêts particuliers à l'intérêt public :
voilà la magie du grand art de régner.
Faites que la claſſe la plus indi-
gente trouve une reſſource aſſurée
dans ſon travail. En accordant des
diſtinctions honorables aux talens
utiles, accoutumez les gens riches
à préférer l'honneur aux richeſſes.
Ne puniſſez pas, comme les Souverains d'Egypte, un citoyen pour
avoir laiſſé échapper l'occaſion de
faire le bien; contentez-vous de punir
le mal, & récompenſez les actions
généreuſes : ces récompenſes n'épui-
ſent point les richeſſes d'un Etat;
la monnoie de l'honneur, répandue
par la ſageſſe, fait germer les vertus.
Une couronne de chêne étoit le prix
que Rome donnoit aux Conquérans
du monde.

CHAPITRE II.

Du droit de punir.

DANS l'état de nature l'homme eſt égal à l'homme; deux ſont plus forts qu'un ; la choſe appartient au premier occupant : mais elle peut lui être enlevée par le premier individu qui ſera le plus adroit ou le plus fort. L'homme ainſi dépouillé a le droit de reprendre ſa choſe ; mais il ne peut y parvenir qu'en acquérant à ſon tour la ſupériorité de l'adreſſe ou de la force , qu'en expoſant ſa vie , ou qu'en donnant la mort. La Loi naturelle s'éleve en vain contre l'uſurpation , puiſqu'elle n'eſt point accompagnée de la puiſſance coactive. Cet état, qu'un des Ecrivains les plus éloquens du

ſiecle

fiecle (1) a femblé vouloir nous faire envier , eft un état de guerre perpétuelle.

L'homme a fenti par fes craintes & fes malheurs qu'il étoit deftiné à vivre en fociété; que cette Société, pour être paifible , devoit être foumife à des regles de juftice dont il trouvoit les premiers principes dans fon cœur ; & qu'il devoit y avoir , dans le corps focial , une force réprimante qui affurât l'exécution de ces regles. De-là l'origine de la puiffance publique & des Loix protectrices de la fortune , de l'honneur, de la vie des Citoyens; de-là la néceffité de punir tous les torts faits à la Société : mais de-là auffi l'attention fcrupuleufe & recherchée que doit avoir la force réprimante, pour ne faire tomber les

____

(1) J. J. Rouffeau.

B

peines que sur les coupables.

Ainsi , trois choses à remarquer ici : 1° le droit de l'homme social , sa liberté civile , consistent à jouir sous la protection des Loix de toutes les facultés qui lui sont propres ; 2° l'intérêt de la Société exige que les troubles qu'elle éprouve soient réprimés ; 3° la sagesse du Législateur consiste à concilier les ménagemens dus au Citoyen même accusé , mais non - convaincu , avec la protection due à la Société générale.

CHAPITRE III.

De la maniere d'envisager le délit relati-
vement à l'ordre social.

LE délit par rapport à l'ordre social ne doit pas être apprécié de la
même maniere que le péché par rapport à Dieu.

L'Etre suprême est le scrutateur
des consciences; il punit des crimes
qui ne sont connus que de lui
seul; il juge jusqu'aux plus secretes
pensées.

Dans l'ordre social au contraire,
c'est l'homme qui juge l'homme; il
ne peut se décider que sur des actes
extérieurs non-équivoques; il ne lui
est pas permis de se livrer à l'in-
terprétation des intentions.

Le délit par rapport à Dieu consiste dans la violation de tous les

préceptes divins indistinctement,
soit que ces préceptes concernent
les devoirs de l'homme envers Dieu,
soit qu'ils concernent ceux de l'homme envers lui-même, ou de l'homme
envers l'homme.

Le délit dans l'ordre social n'est
autre chose qu'un trouble ou préjudice causé à la Société. Les hommes
s'étant réunis pour leur bonheur
commun, toute Législation doit
tendre à cet objet ; toute action
utile au corps social doit être réputée vertueuse & encouragée ; toute
action qui lui sera nuisible doit être
réputée criminelle & punie.

Il résulte de-là que plusieurs Législateurs se sont mépris par excès
de zele pour la Religion, en per-
sécutant, relativement à leur croyan-
ce, des Sujets qui d'ailleurs étoient
observateurs paisibles de leurs Loix,
qui n'étoient coupables d'aucun trou-

ble, d'aucun préjudice envers l'ordre focial. Il importe fans doute que la Religion foit refpectée : mais ce n'eft pas par la terreur des fupplices qu'on peut infpirer la foi ; le fanatifme a fait périr au milieu des flammes une multitude de Citoyens, quand il n'étoit queftion que de les perfuader par les vertus charitables & bienfaifantes que prefcrit cette Religion même, au nom de laquelle ils étoient perfécutés.

B 3

CHAPITRE IV.

De l'objet de la Loi dans la punition des délits.

LE délit d'un homme envers un autre, dans l'état social, doit être considéré relativement à la partie personnellement offensée, & relativement à la Société qu'il trouble. La partie offensée doit être dédommagée autant que les circonstances peuvent le permettre : mais la Société, que ce délit a troublée, veut être rassurée sur les craintes qu'elle a qu'il ne s'en commette de nouveaux ; elle a le droit d'exiger des châtimens publics pour les prévenir, & c'est de la satisfaction due à l'ordre social qu'il s'agit principalement ici. Il est important d'en bien apprécier les motifs. Ces motifs ne font point ceux des paſſions humaines, trop au-deſſous de la dignité de la Loi. La Juſtice n'eſt point non plus une de ces Divinités, auxquelles des adorateurs atroces immoloient des hommes pour appaiſer leur courroux. La vengeance, quelle qu'elle fût, ſeroit inſenſée, & n'empêcheroit pas qu'un tort fait à la Société, par l'aſſaſſinat d'un Citoyen, n'exiſtât réellement. L'objet des Loix, dans les peines qu'elles prononcent, n'eſt donc pas de faire ſouffrir un coupable, mais d'empêcher que ce coupable ne porte de nouveaux troubles à la Société, & qu'il ne trouve des imitateurs, par l'impreſſion que doit faire ſon châtiment ſur les eſprits. Ainſi les peines infligées pour l'intérêt de l'ordre ſocial ne ſont pas réparatives, mais préſervatives; ainſi le préſervatif, c'eſt-à-dire le châtiment, doit toujours être proportionné au plus ou moins d'importance du délit, au plus ou moins de dangers qui réfulteroient de fon impurité pour l'ordre focial ; ainfi, dans la diftribution des peines relatives à chaque nature de délits, on ne doit fe permettre que le degré de févérité néceffaire pour réprimer l'affection vicieufe qui la produit. Toute peine dont la rigueur excede cet objet d'utilité eft tyrannique ; car, fi la Société doit être protégée, les droits de l'homme doivent être refpectés. Il n'eft permis de le facrifier qu'autant que ce facrifice importe à la fûreté publique ; & de-là fuit la conféquence que la peine préférable, même en matiere grave, feroit celle qui, en faifant le moins fouffrir le coupable, feroit cependant l'impreffion la plus profonde fur la multitude.

CHAPITRE V.

Le droit de punir peut - il s'étendre jusqu'à la peine de mort?

L'ASSASSIN périt fur l'échafaud victime d'une Loi promulguée pour fa propre confervation ; car cette Loi faifoit défenfes d'attenter à fa perfonne, de même qu'à celle de fes femblables : cette rigueur eft - elle jufte ?

Un Etranger, défenfeur ardent de la caufe de l'humanité (1), a prétendu, dans un Ecrit répandu parmi nous, que nulle Puiffance de la terre ne pouvoit avoir le droit de mort fur un Sujet, même coupable du plus grand crime. « Quel peut être, a-t'il » dit, le droit que les hommes s'attri-

____

(1) M. le Marquis de Beccaria.

B 5

» buent d'égorger leurs semblables ?
» ce n'est certainement pas celui d'où
» résultent la Souveraineté & les
» Loix ; elles ne font que la fomme
» totale des petites portions de li-
» berté que chacun a dépofées pour
» former cette Souveraineté ; elles
» repréfentent la volonté générale,
» réfultat de l'union des volontés
» particulieres. Mais quel eft celui
» qui aura voulu céder à autrui le
» droit de lui ôter la vie ? comment
» fuppofer que dans le facrifice que
» chacun a fait de la plus petite
» portion de liberté qu'il a pu aliéner,
» il ait compris celui du plus grand
» des biens ? & quand cela feroit,
» comment ce principe s'accorde-
» roit-il avec la maxime qui défend
» le fuicide ? ou l'homme peut dif-
» pofer de fa propre vie, ou il n'a
» pu donner à un feul, ni même à
» la Société entiere, un droit qu'il
» n'avoit pas lui-même » ?

Ce raisonnement n'est qu'un sophisme ingénieux.

L'homme n'a pas le droit de s'ôter la vie, mais il a celui de la défendre. De quelque maniere que la Puissance publique se soit formée , il n'a pu refuser son assentiment à une Loi qui avoit pour objet de protéger ses jours. Dans l'état de nature, & pour l'intérêt légitime de ma propre conservation, j'ai le droit d'ôter la vie à celui qui attaque la mienne : dans l'état de Société civilisée, j'ai par conséquent le droit de voter pour la mort de celui qui attente à ma vie ; & si j'enfreins la Loi à laquelle j'ai concouru , la Société entiere a le droit d'en réclamer contre moi l'exécution : si je n'ai pas le droit de m'ôter la vie, je n'ai pas celui de l'ôter à mes semblables , & de prétendre que la mienne doive être respectée.

B 6

Aussi dans toutes les Légiflations connues , même dans celles qui ont eu les plus grands égards pour l'humanité, telles que celle des Chinois, & celle de Solon dans Athenes, la peine de mort fut-elle décernée contre l'affaffinat de guet-à-pens: On voudroit en vain s'en diffimuler la juftice ; c'eft la peine du Talion, celle qui touche de plus près aux premiers principes de l'équité naturelle ; & fi à la perte d'un Citoyen elle ajoute la mort d'un autre, cette mort doit paroître utile : elle délivre la Société d'un homme pervers qui ne doit plus lui appartenir, puifqu'il a rompu le lien des conventions fociales ; le fupplice de cet affaffin prévient d'ailleurs de nouveaux crimes qu'il auroit pu commettre ; il devient un exemple impofant pour la perverfité.

CHAPITRE VI.

Que la peine de mort doit être restreinte aux seuls attentats contre la vie.

CETTE peine n'a aucune espece d'analogie avec les autres crimes qui peuvent être réprimés aussi efficacement d'une maniere moins cruelle.

La Loi qui punit de mort le simple vol, a produit peut-être plus d'inconvéniens que ceux qu'elle a voulu prévenir. Si le vol parmi nous est presque toujours le motif ou l'occasion de l'assassinat, c'est parce que le voleur, qui sait que la Loi le condamne à mort, ne croit pas courir un plus grand risque en se rendant assassin : ou plutôt il croit diminuer par-là les risques qu'il court ; car la mort le délivre d'un témoin important dont la dénonciation peut le conduire au supplice.

Si au contraire la peine de mort n'est point attachée au crime de vol, le voleur laissera vivre le Citoyen qui peut le dénoncer; parce que l'espérance de se soustraire pourra balancer dans son cœur la crainte de la poursuite; & parce que, dans l'incertitude de savoir s'il échappera ou non à la peine, il préférera de n'être puni que comme voleur à l'être comme assassin.

« En Chine il n'y a que les vo-
» leurs cruels qui soient punis de
» mort ; cette différence fait qu'on
» y vole, & qu'on n'y assassine pas.
» En Moscovie, où la peine des vo-
» leurs & celle des assassins étoient
» autrefois les mêmes, on y assassi-
» noit toujours ; les morts, disoit-
» on, ne racontent rien. En Angle-
» terre on n'y assassine point, parce
» que les voleurs peuvent espérer

» d'être transportés dans les Colo-
» nies, & non pas les assassins ».
Esprit des Loix, tom. Ier, p. 190.

Ajoutons que la rigueur exceffive de la Loi produit souvent l'impunité. Quel est le maître en effet
qui, dans l'état actuel des chofes,
dénonce un vol à lui fait par son
domeftique, pour le voir pendre à
fa porte, & foulever par-là, contre
lui, la clameur populaire ? Le voleur
domeftique eft communément chaffé
par fon maître, & va voler chez
un autre qui le chaffe à fon tour.
C'eft cette indulgence, occafionnée
par la févérité même de la Loi,
qui l'enhardit au crime.

CHAPITRE VII.

Que la Loi pénale doit être générale, & frapper sur tous les états & toutes les conditions.

A ROME, sous les Empereurs, les peines furent divisées en trois classes ; on en décerna de très-douces contre les premieres personnes de l'Etat, de plus séveres contre celles d'un rang inférieur, & de très-rigoureuses contre le peuple (1). Cette étrange politique annonçoit le regne de la tyrannie.

Respectons les dignités, les rangs & la Noblesse antique ; ils portent l'attache du Souverain qui les a accordés comme un gage honorable de sa confiance, ou comme la ré-

_____

(1) Esprit des Loix, Tom. I, pag. 187.

compenſe due à des talens utiles. Si un homme conſtitué en dignité reçoit une offenſe de la part de ſon inférieur, que l'offenſeur ſoit puni avec plus de ſévérité que s'il eût offenſé ſon égal. Mais ſi un homme d'un rang élevé dégrade ſon exiſtence au point de ſe confondre par la baſſeſſe de ſes affections avec la fange de la populace, pourquoi ſeroit-il puni avec moins de ſévérité qu'elle, d'un crime qui ſeroit le fruit de cette baſſeſſe commune (1)?

____

(1) Cette regle de Juſtice eſt établie liv. 4, tit. 25, art. 4 des Conſtitutions du Roi de Sardaigne, publiées en 1770. Ces Conſtitutions ſont l'ouvrage de pluſieurs Souverains dont la ſageſſe héréditaire a ſucceſſivement honoré le Trône & l'Humanité. La partie qui concerne la pourſuite des délits contient des regles très-précieuſes, quoique cependant l'inſtruction ſoit demeurée ſecrette pour le Public, qu'on y ait conſervé l'uſage de la

Nous penfons même qu'il eft plus
coupable. Les principes de l'éducation noble qu'il a reçue, les devoirs
attachés à fes dignités & à fes places,
l'exemple de fes aïeux, le refpect
de fon nom, étoient autant de liens
bien capables de le retenir, & qu'il
n'a pu rompre que par un excès de
perverfité.

Nous obferverons cependant que
les gens en place, qui abufent de
leurs droits, font fufceptibles d'une
punition particuliere, humiliante pour
l'amour-propre & cuifante pour l'am-
bition; celle de la privation de leurs
emplois ou de l'interdiction de leurs
offices. Mais nous ne parlons ici
que des crimes de la baffeffe, &
nous difons que pour ces fortes de

---

torture préparatoire pour plufieurs cas, &
que plufieurs délits étrangers au meurtre y
foient punis de mort.

crimes fur-tout , la Loi doit être
générale , qu'elle doit frapper fur
tous les états & fur toutes les conditions ; car fi elle ne s'exécutoit
que contre le peuple indigent &
foible , il la regarderoit bientôt
comme tyrannique.

CHAPITRE VIII.

Que la punition ne doit affecter que le coupable.

Un préjugé cruel nuit souvent parmi nous à l'exécution de la Loi; il étend sur une famille entiere l'infamie encourue par un de ses membres : cette famille a-t'elle quelque crédit, elle ne manque pas de l'employer pour sauver son honneur; si le coupable indigne, elle intéresse ; le Juge lui-même , agité par ces impulsions contraires , hésite quelquefois à frapper ; & quelquefois aussi les pleurs de cette famille obtiennent , de la commisération du Souverain, la grace du coupable: indulgence souvent dangereuse ; le droit de faire grace est une des prérogatives de la puissance , mais la

principale vertu d'un Roi eſt d'être
juſte.

Si au contraire la Juſtice, inacceſ-
ſible aux ſolliçitations, & le bandeau
ſur les yeux , frappe le coupable ;
ſes parens, ſes enfans ſur-tout, ſont
frappés , ſont déshonorés par le
même coup ; l'Etat qui pouvoit en
attendre des ſervices plus ou moins
grands , ne verra donc plus en eux
que des ames flétries , incapables
de rien entreprendre de noble, &
auxquelles même la carriere de l'honneur ſera fermée.

Combien n'importe - t - il pas de
déraciner un préjugé de ce genre
qui n'exiſte point en Angleterre,
& que nous aurions dû déjà rejetter
loin de nous ſans attendre l'exemple
de nos voiſins ! Le Souverain, dont
la conduite a tant d'influence ſur nos
mœurs, peut aiſément parvenir à le
détruire. Que le coupable périſſe

dans l'ignominie , puiſque la Loi le condamne , & puiſque ſon ſupplice eſt néceſſaire pour aſſurer la tranquillité publique : mais que l'un des ſiens , s'il en eſt digne , ſoit en même temps élevé par le Prince à un poſte honorable ; la multitude ſera bientôt convaincue, par de pareils exemples, que la conſidération attachée à la vertu ne doit dépendre que de la vertu même , & non de la peine infligée au crime d'autrui : *Pœna ſolos autores cernere debet* ; Loi 22 , au Code *de Pœnis*.

CHAPITRE IX.

Que les peines doivent tourner autant qu'il est possible au profit de l'État.

Nous avons parlé de la peine de mort utile par l'impression profonde qu'elle doit faire sur l'esprit de la multitude ; mais cette peine étant réservée au meurtre, à l'assassinat de guet-à-pens, il faut voir de quelle utilité pourroient être les peines que l'on peut infliger pour d'autres especes de délits.

Un coupable, puni dans sa personne, peut être condamné aux travaux publics ou à la déportation dans les Colonies.

Il importe à l'Etat que les Ports de mer, les Fortifications des Villes de guerre, les grands chemins, les canaux navigables, les monumens

publics foient entretenus & réparés.
L'immenfité de ces objets exige une
multitude d'ouvriers que l'on paie ;
& pourquoi n'y point employer des
coupables qu'on ne feroit tenu que
de nourrir ? Quand une punition a
cette double efficacité d'empêcher
les progrès du crime & de ména-
ger les dépenfes du tréfor public,
il femble que la Loi qui la prononce
réunit tous les objets d'utilité. Il
feroit même d'autant plus important
d'admettre ce genre de peines ,
qu'aujourd'hui , & par l'état actuel
de notre Marine, les coupables condamnés aux galeres ne fervent point
fur mer.

Il importe pareillement à l'Etat,
aux progrès de fon commerce &
de fa puiffance , d'accroître fes Colonies. Et pourquoi le Légiflateur
ne prononceroit-il pas la peine de
déportation contre cette efpece de

gens

gens dont les affections ne font pas affez perverfes, pour en redouter les inconvéniens dans une Société naif-fante, qui approche beaucoup de l'état de nature, & dont les devoirs font bien moins multipliés que les nôtres?

Ainfi, en Ruffie, les criminels ou malfaiteurs qui n'ont point mérité la mort, font envoyés dans les dé-ferts de la Sibérie ; ainfi une Loi d'Angleterre prononce contre différens genres de délits, & par les mêmes motifs, la peine de tranfpor-tation dans les Colonies.

C

CHAPITRE X.

Que les délits doivent être réprimés par les peines les plus opposées aux genres de vices qui les auront produits.

On pourroit dire peut-être qu'il en est des remedes moraux pour la santé du corps social , comme des remedes physiques pour la santé de l'individu : *Contraria contrariis curantur.* La maniere la plus efficace pour combattre les différentes passions ou affections vicieuses qui peuvent troubler l'ordre public, est sans doute d'employer les genres de peines les plus contraires à ces sortes d'affections , & par conséquent les plus cuisantes pour elles.

Ainsi, les délits qui prennent leur source dans l'abus de la liberté, dans le goût de la licence, & qui n'ont trait ni à vol ni à affaffinat, doivent être punis par la prifon.

Ceux qui confiftent dans l'abus de la vie civile & dans une inconduite qui compromet les intéréts d'autrui, par une interdiction pénale.

Ceux qui dérivent de la haine ou de l'amour, & d'habitudes qui tiennent au local, par l'exil légal ou la déportation dans les Colonies.

Ceux qui confiftent dans la cupidité du bien d'autrui, & qui préfentent des infidélités au-deffous du vol, par des condamnations pécuniaires.

Ceux qui prennent leur fource dans l'oifiveté, & qui confiftent dans le vol fans armes ou actes équipollens, par la condamnation aux travaux publics & par la confifcation.

Ceux qui ont pour caufe la vaine

gloire & le faux honneur, par l'humiliation & le déshonneur.

La peine de mort réservée à l'affaffinat de guet-à-pens ou au vol
à main armée , & autres délits de
ce genre.

CHAPITRE XI.

Quels délits & quelles peines doivent emporter infamie.

L'INFAMIE doit être envisagée sous deux rapports différens; l'infamie de fait, & l'infamie de droit.

L'infamie de fait est le contraire de l'honneur. L'honneur est ce sentiment fier de lui-même, qui se nourrit de l'estime publique & qui veut la mériter. L'infamie de fait est attachée à tous les vices de la bassesse, dont un sordide intérêt est le principe : c'est cette bassesse qui conduit à l'imposture, aux infidélités, aux abus de confiance, au vol, & quelquefois aux assassinats de guet-à-pens. Ces actions sont vraiment infames, d'après les principes de la morale universelle.

C 3

L'infamie réfultante d'une condamnation, eft ce que nous appellons infamie de droit : mais c'eft toujours
conformément à ces mêmes princi-
cipes que le Jugement doit être
rendu ; car s'il notoit d'infamie une
action qui n'en porteroit pas le
caractere, le public pourroit fe dif-
penfer de croire à l'infamie déclarée
encourue.

Dans nos ufages , l'infamie eft
attachée à un certain genre de peines,
entr'autres celles du fouet , de la
marque , du carcan , du pilori , &c.
Il ne faut donc ordonner ces fortes
de châtimens que pour réprimer les
vices de la baffeffe.

L'effet de l'infamie de droit eft
de livrer le coupable au mépris public , & de détruire , relativement
à lui, cette efpece de confraternité
qui forme le lien focial. Celui qui
eft déclaré infame n'eft plus admis

en témoignage , ni à intenter une
accufation ; la Juſtice ne croit ni à
ſes aſſertions , ni à ſon ſerment.

Gardons-nous cependant de noter
d'infamie des coupables que nous
laiſſerons dans la Société , nous en
avons dit la raiſon plus haut ; &
s'ils doivent vivre encore avec leurs
Concitoyens , ne leur ôtons pas l'eſ-
poir de recouvrer leur eſtime. Ainſi ,
l'infamie de droit ne doit point être
attachée à de ſimples condamnations pécuniaires , ni même à une
admonition de la Juſtice , ni à la
priſon & à l'interdiction pour un
temps , ni à des défenſes d'approcher
de telle Ville plus près qu'à telle
diſtance, quand le châtiment ſe borne
là. Elle ne doit être attachée , d'après
notre plan, quant aux coupables non-
punis de mort , qu'à la déportation
dans les Colonies pour cauſe d'infidélité, & qu'à la condamnation aux

travaux publics pour cauſe de vol ou délits équipollens. De pareils coupables pourront être expoſés dans les carrefours, au pilori & au carcan, pour rendre leur condamnation plus authentique. Mais ſupprimons ſur-tout la flétriſſure ſur l'épaule, même pour celui qui ſeroit condamné aux travaux publics à temps. Le forçat rendu à la liberté, après avoir expié ſon crime, peut devenir homme de bien, & ſe faire, dans quelque Province éloignée, un ſort nouveau, en dérobant les traces de l'ancien : mais s'il porte ſur l'épaule l'empreinte ineffaçable du crime & de l'ignominie, s'il craint à chaque inſtant la découverte de ſon état, s'il frémit lui-même à la ſeule idée de l'horreur que cette découverte peut inſpirer ; comment pourra-t'il s'élever de cet abyme d'opprobre juſqu'au courage de la vertu ?

CHAPITRE XII.

Quels délits & quelles peines doivent emporter mort civile & confiscation.

L'HOMME, dans l'état de nature, n'a que la vie physique ; dans l'état social, il joint à son existence physique la vie civile, c'est-à-dire les facultés du Citoyen, les avantages que la Loi lui donne. Cette Loi lui permet de contracter, d'ester en Jugement, de recevoir des donations & des legs, de disposer de ses biens, de les transmettre aux héritiers de son sang : ces facultés appartiennent par conséquent à la vie civile.

Celui qui a rompu le lien des conventions sociales par un crime assez grand pour devoir être puni de mort violente, s'est rendu indigne de participer aux avantages de la Société ; il eſt par conſéquent privé, par cela méme, de la faculté de tranſmettre ſes biens à ſes héritiers. De-là l'origine du droit de confiſcation parmi nous ; les biens du condamné demeurent acquis à la Puiſſance publique.

Si la nature du délit eſt telle que le coupable ne doive pas être condamné à perdre la vie naturelle, mais que néanmoins il mérite pour toujours d'être ſouſtrait de la Société ; il eſt évident que dès-lors il ne doit plus participer à aucun de ſes avantages : la mort civile ſera une ſuite néceſſaire de ſa condamnation ; &, dans ce cas comme dans l'autre, il y aura ouverture à la confiſcation.

Ainſi, les crimes qui ſeront punis par la mort, par la condamnation à la priſon perpétuelle, & par celle aux travaux publics à perpétuité, doivent emporter mort civile & confiscation.

***

CHAPITRE XIII.

Que la peine de confiscation peut être justement & utilement modifiée.

L'Auteur moderne, qui a défendu avec tant de chaleur les droits de l'humanité (1) , s'est beaucoup récrié contre l'usage des confiscations, parce qu'elles rendent, dit-il, les enfans victimes des fautes de leur pere, & qu'il est d'ailleurs au-dessous de la dignité du Souverain de s'enrichir par le crime de ses Sujets.

Eh bien ! concilions tous les intérêts, même ceux qui paroissent les

_____

(1) Le Marquis de Beccaria.

C 6

plus oppofés. La Loi civile réferve aux enfans une portion néceffaire dans le patrimoine de leur pere ; il ne peut difpofer par acte de mort que du furplus ; regardons le délit qui doit le priver, foit de la vie naturelle, foit de la vie civile, comme un acte de mort ; & ne faifons porter la confifcation que fur les biens qui étoient difponibles dans la main du coupable : alors l'intérêt des enfans, protégé par la Loi civile, ne fera plus en op-pofition avec l'intérêt de la vindicte publique, protégé par la Loi cri-minelle. Mais cette modification une fois adoptée, que la portion con-fifquée foit exigée en toute rigueur, d'après l'utilité dont elle doit être, & que nous allons affigner.

Quelque-refpectables que foient les Magiftrats, ils n'ont que la fa-geffe humaine en partage ; & cette

fageſſe eſt ſujette à des erreurs in-
volontaires , à des mépriſes préjudiciables. Un innocent ſur lequel un
concours de circonſtances malheu-
reuſes ſemble fixer le ſoupçon du
crime, eſt quelquefois pourſuivi , décrété , empriſonné à la requête du
Miniſtere public ſeul ; il gémit dans
des fers que la Juſtice briſe enfin
après une longue inſtruction ; & la
Juſtice gémit à ſon tour de n'avoir
aucune indemnité à lui offrir, pour
le préjudice réſultant de ſa pourſuite. Mais s'il exiſtoit une caiſſe
particuliere pour le produit des con-
fiſcations , l'indemnité qui eſt due
à cet infortuné ſeroit priſe ſur les
deniers de cette caiſſe : ces deniers
pourroient être encore employés aux
frais des pourſuites criminelles qui
ſe font à la requête du Miniſtere
public ; & ce ſeroit ainſi , qu'à la
décharge du tréſor du Prince , les

deniers provenans des délits fervi-
roient à la pourfuite d'autres délits,
& à la réparation du préjudice que
des pourfuites de ce genre peuvent quelquefois entraîner.

Quant aux délits moins graves
que ceux qui emportent mort civile
& confifcation, & qui, d'après les
réformes propofées, doivent être
punis par des amendes envers le
Roi, tels que ceux au-deffous du
vol, & qui ont la cupidité pour
principe, le produit de ces amendes feroit porté dans la même caiffe
pour être employé aux mêmes ufages.

CHAPITRE XIV.

Ce qu'il faut laisser à l'arbitrage du Juge dans l'application des peines.

Il seroit à desirer sans doute pour le bien de la Justice, que la Loi pût prévoir tous les cas; parce que la Loi dans sa généralité ne faisant acception de personne, n'a jamais que le bien public pour objet. Le Juge, au contraire, est entouré des Parties; il statue pour ou contre un individu qui peut lui paroître plus ou moins coupable, suivant la maniere dont il est affecté pour lui. Il lui est difficile de se préserver de toute prévention; car elle est, suivant le langage du célebre d'Aguesseau, le seul vice du Sage. Il faut donc resserrer, autant qu'il est posfible, la carriere de l'arbitraire ; cependant il convient de lui laiffer un efpace quelconque, fans lequel plufieurs cas non prévus demeureroient néceffairement impunis. Ainfi en Angleterre un voleur adroit ayant fait arrêter, il y a quelques années, le carroffe d'un Lord pour lui propofer de lui vendre cent guinées une paire de piftolets qu'il dirigeoit contre lui, & ayant remis fes piftolets après s'être fait payer cette fomme, fut renvoyé de l'accufation, parce que la Loi n'avoit pas prévu le cas.

Qu'eft-ce donc qu'il convient de laiffer à l'arbitrage du Juge ? le voici. Quoique les efpeces des délits varient à l'infini, parce que rien ne fe reffemble exactement ni dans le phyfique ni dans le moral, néanmoins ces délits ont des caracteres qui les rapprochent néceffairement de quelques-unes des claſſes dans leſquelles nous venons de les ranger ; ce qu'il faut preſcrire au Juge, c'eſt de prononcer telle nature de peine pour telle nature de délit ; ce qu'il faut laiſſer à ſon arbitrage, c'eſt la quotité des amendes pour les délits qui n'emportent point confiſcation ; c'eſt le temps que doit durer la peine pour les délits qui n'exigent par leur nature que des peines à temps.

Ainſi, quant aux délits qu'il s'agira de punir par l'interdiction, l'empriſonnement, l'exil, la déportation dans les Colonies, la condamnation aux travaux publics, pour un temps ; les Juges, en appliquant la peine, régleront ſa durée ſuivant le plus ou moins de gravité des circonſtances.

SECONDE PARTIE.

*Des différentes peines applica-
bles aux différentes natures
de délits.*

QUELQUE étendue qu'annonce
ce titre , notre objet n'est pas de
présenter ici la nomenclature de
toutes les especes de délits qui affli-
gent l'ordre social ; ce détail seroit
immense : nous nous contenterons
de ranger dans différentes classes les
affections vicieuses qui produisent
telle ou telle nature de délits ; nous
parlerons de ceux qui sont le plus
connus, suivant le rapport qu'ils auront avec ces classes différentes ; &
nous proposerons de les punir par
les peines qui nous paroissent les

plus réprimantes , comme étant les plus oppofées à leurs caufes productives , ou par le genre de condamnation qui préfente le plus d'analogie avec la nature du crime. Pour remplir nos vues, nous fuivrons l'ordre tracé par le Chapitre X de notre premiere Partie.

CHAPITRE PREMIER.

Des délits qui doivent être punis par la prison.

Dans l'ordre judiciaire tel qu'il exiſte aujourd'hui parmi nous, la priſon n'eſt point une peine ; elle eſt ſeulement regardée comme un lieu de dépôt pour les accuſés, en attendant qu'ils ſoient abſous ou condamnés (1).

Il ſemble cependant que l'homme eſt aſſez jaloux de ſa liberté, pour que la peine de priſon trouve ſa place parmi celles qu'il eſt permis de lui infliger.

Dans l'état ſocial il ne jouit que

____

(1) Il faut excepter quelques Loix particu-lieres concernant le Tribunal de MM. les Maréchaux de France, & la Police.

d'une liberté reſtreinte : cette liberté eſt ſubordonnée à ſes devoirs ;
elle dégénere en licence, s'il les en-
freint. Cette licence, dans tous les
cas qui n'ont trait ni à vol ni à
aſſaſſinat, & qui ne préſentent qu'un
trouble paſſager, peut être juſte-
ment punie par un temps de priſon ; une telle peine contraſte même
parfaitement avec l'eſprit d'indé-
pendance qui porte l'homme à de
pareils écarts : elle eſt donc efficacement réprimante pour cette nature
de délits.

Ainſi, nous propoſerons de punir principalement par un temps de
priſon plus ou moins long, ſuivant
la gravité des circonſtances, les
perturbateurs du repos public ; ceux
qui cherchent querelle dans les rues,
injurient & battent les autres ; ceux
qui par eſprit d'inſubordination re-
fuſent d'obéir aux Officiers de Po-

lice dans leurs fonctions , & leur manquent de refpect ; ceux qui commettent du fcandale dans les Eglifes & Affemblées publiques ; les Cabaretiers qui , au mépris des Ordonnances de Police , donnent à boire les Dimanches & Fêtes pendant les heures du Service Divin ; ceux qui affectent de prendre ce temps pour faire la débauche dans les cabarets ; tous ceux enfin qui fe feront rendus coupables de torts contraires à la décence publique.

Il paroît encore naturel de punir par la perte de leur liberté , foit à temps, foit à perpétuité, fuivant les circonftances , ceux qui auront gêné la liberté des autres en les tenant en chartre privée ou autrement ; ceux qui auront furpris fur un faux expofé des ordres du Gouvernement pour faire renfermer un Citoyen ; ceux qui fe feront rendus coupables du rapt de violence; ceux qui veulent fouftraire à l'emprifonnement des criminels ou des débiteurs qu'ils recelent; ceux qui auront procuré aux Prifonniers les moyens de s'évader.

L'analogie d'une pareille peine avec cette nature de délits, doit être parfaitement fentie.

Enfin cette peine pourra être infligée dans d'autres circonftances, dont nous ne parlerons que par la fuite, parce qu'elles font relatives à un genre de délits qui méritera feul un examen affez étendu.

CHAPITRE II.

Des délits qui doivent être punis par l'interdiction.

On conçoit que le topique le plus efficace pour empêcher les abus de la vie civile & des fonctions publiques, est l'interdiction.

Pour le Citoyen qui n'a point de fonctions publiques à remplir, nous ne connoissons dans nos usages que l'interdiction officieuse ; nous proposerons ici d'en admettre une autre d'un genre opposé, & que nous appellerons *interdiction pénale*. Cette interdiction pour le temps de sa durée auroit, à la vérité, le même effet que la mort civile, mais sans infamie ; & voici quel genre d'inconduite pourroit être puni par une interdiction de cette nature.

Un

Un homme fait des entreprises pour lesquelles il a besoin de fonds qu'on lui confie : l'argent d'autrui circule dans ses affaires ; le voyant sans cesse passer & repasser dans ses mains, il en use comme de sa chose; il le dissipe avec sa fortune per‑sonnelle, sans qu'il reste rien pour lui-même. Si son inconduite n'eût tendu qu'à la dissipation de son propre bien, sa famille eût pu le faire interdire par commisération pour lui; & c'est ce que nous appellons inter-diction officieuse : mais ayant dissipé le bien d'autrui, ayant manqué à la confiance, il mérite d'être interdit à titre de peine ; & c'est ce que nous appellerons interdiction pénale.

La Justice, suivant le plus ou moins de gravité de l'inconduite, pourra prononcer cette interdiction pour un temps ou à perpétuité.

Un intrigant, par de basses soupleſſes, captive une perſonne riche valétudinaire ou âgée ; il parvient, par les reſſorts qu'il emploie, à dépouiller les héritiers du ſang, en ſe faiſant inſtituer légataire, ou en faiſant faire une donation à ſon profit : eſt-ce donc aſſez de déclarer nul ce legs ou cette donation ? ne ſeroit-ce point encore le cas de prononcer contre l'auteur de la ſuggeſtion une eſpece d'interdiction reſtreinte, dont l'uſage n'eſt pas non-plus connu dans nos mœurs ; c'eſt-à-dire de le déclarer, ſur les concluſions du Miniſtere public, incapable de recevoir aucun legs ou donation, ſi ce n'eſt de ceux auxquels il eſt admis à ſuccéder par la Loi ?

Les deux ſortes de délits dont nous venons de parler ne ſont pas punis par nos Tribunaux.

Dans la premiere eſpece, on dit aux créanciers qu'ils ont mal placé leur confiance, & le débiteur peut faire encore de nouvelles dupes.

Dans la feconde, l'intrigant en eft quitte pour voir déclarer fon legs nul ; il fe confole, en fe flattant qu'une autre fois il fera plus heureux.

Les peines propofées contre ces deux fortes de délits feront donc utiles à l'ordre focial, & fuffiront d'ailleurs pour tranquillifer la Société fur le genre d'intrigues auxquelles elles font relatives.

Quant aux abus commis dans les fonctions publiques, ce n'eft point une nouveauté parmi nous que de les punir par l'interdiction, foit à temps, foit à perpétuité, même par l'incapacité prononcée contre les délinquans, de poffeder par la fuite aucune efpece d'Office : une pareille peine a fon genre de gravité, puifqu'elle enleve à l'Officier la confidération à laquelle il prétendoit au moins par sa place , s'il n'y pouvoit prétendre par ses vertus. Cette peine doit avoir lieu pareillement contre les Juges coupables de ces torts qui autorisent la prise à Partie , c'est-à-dire quand ils ont agi *per fraudem, gratiam, inimicitias & sordes,* suivant le langage de la Loi Romaine : nous en exceptons le crime de faux, qui exige qu'on ajoute à la sévérité de la punition , & dont il sera question dans un des Chapitres suivans.

CHAPITRE III.

Des délits qui doivent être réprimés par l'exil, ou par la déportation dans les Colonies.

UNE punition de ce genre doit être particuliere aux délits locaux, s'il est permis de parler ainsi, aux délits qui naissent de la fréquentation de certaines personnes, & qui tiennent à l'habitation dans certains lieux.

Nos Loix ne connoissent pas la peine de l'exil, mais celle du bannissement qui emporte infamie. Nous avons déja fait voir combien il étoit dangereux d'infliger une pareille peine à tout condamné qu'on laisseroit dans la Société : nous croyons donc qu'au bannissement, nos Loix doivent subſtituer l'exil , que par cela même nous appellerons exil légal; exil qui peut être néceſſaire ſans que ſa cauſe ait le caractere de baſſeſſe auquel l'infamie eſt attachée.

Deux paſſions abſolument oppoſées peuvent donner lieu à la provocation de l'exil légal.

La haine qui ſuppoſe l'habitude de chercher ſon ennemi , pour l'inſulter; l'amour qui ſuppoſe l'habitude de chercher la perſonne aimée , pour la ſéduire :

Ces paſſions contraires s'enflamment également à la vue de leur objet.

Ainſi un homme d'une certaine conſiſtance, expoſé à des inſultes, à des voies de fait de la part de ſon ennemi , peut réclamer contre lui l'exil légal , & demander qu'il lui ſoit fait défenſes d'approcher de plus près qu'à telle distance du lieu qu'il habite (1).

De même le mari qui a des preuves de la séduction tentée vis-à-vis de sa femme, ou le pere qui a preuve de pareilles tentatives vis-à-vis de sa fille, sera fondé à requérir cette peine.

Si la haine a été portée jusqu'aux voies de fait graves, telles que la mutilation de quelques membres, un œil crevé, &c. ; si les entreprises de l'amour ont été portées jusqu'à la consommation du crime vis-à-vis de la femme mariée ; ce sera le cas d'ordonner la déportation du coupable dans les Colonies. Quant à la peine que mérite l'épouse infidelle, elle est sagement établie par la Loi Romaine adoptée dans nos mœurs.

Le Rapt de séduction, le crime de

---

(1) Plusieurs Arrêts ont prononcé de pareilles défenses, mais nos loix n'ont pas de dispositions particulieres sur ce point.

la Polygamie, celui de la profana-
tion du Sacrement de mariage & l'In-
cefte, tous les défordres fcandaleux
enfin provenans de l'incontinence lu-
xurieufe, peuvent être encore jufte-
ment punis par une pareille peine.
Ajoutons-y les délits de contre-
bande & de faux - faunage, parce
que l'habitude de ces délits ne peut
être dans les Colonies d'aucun danger, & que les Loix prohibitives,
dont ils font l'infraction, n'y font
point établies.

Enfin la déportation pourroit être
encore ordonnée pour tous ces délits de filouteries qui confiftent dans
l'adreffe d'un homme infidele à profi-
ter de l'inattention d'un autre, pour
lui ravir quelques bijoux; habitude
peu dangereufe dans un établiffe-
ment nouveau, & où les Cultivateurs
n'ont d'autre reffource pour fubfifter, que les productions offertes par
la terre à leur travail.

CHAPITRE IV.

Des délits qu'il faut punir principale-
ment par des condamnations pécu-
niaires.

Nous entendons parler ici de ces
torts envers l'ordre social, qui ont
pour principe la cupidité, & qui
sont néanmoins au-dessous du vol;
il convient de les punir par les peines les plus opposées à ce principe.

La condamnation pécuniaire &
réprimante doit être en pareil cas
une amende plus ou moins con-
sidérable au profit du Roi, indépendamment de l'indemnité qui doit
toujours être prononcée en faveur
de la partie lésée.

Les crimes susceptibles d'une condamnation de ce genre, sont prin-

cipalement l'ufure, le monopole, la concuſſion, le ſtellionat.

§. Iᶜʳ. *De l'Ufure.*

La Loi de Moïſe & celle de Jeſus-Chriſt ſemblent faire un devoir de prêter gratuitement : au lieu de ne voir dans ce précepte qu'un conſeil de Religion, qu'un devoir de charité fraternelle, on en a fait un principe de Légiſlation ; ſans faire attention que le lien ſocial conſiſte eſſentiellement dans l'échange des choſes & dans la réciprocité des ſervices. De - là les défenſes portées par nos Loix, de prêter à intérêt, & même de comprendre l'intérêt avec le principal dans des billets. *Voyez* art. 1. du tit. 6 de l'Ordonnance du commerce.

Cette maniere de procéder eſt contraire aux intérêts du corps ſocial : ce n'eſt pas ſur le plan de la charité fraternelle qu'on peut se flatter de gouverner une Société nombreuse; parce que , comme nous l'avons déja observé , les Loix étant générales doivent convenir à la multitude; & que ce seroit exiger au-delà du possible, que de faire à la multitude un devoir de la perfection. Il faut compter beaucoup, pour ne se point méprendre sur l'influence de l'intérêt personnel ; & l'on fera des Loix vraiment utiles, & dont l'exécution sera sûre, toutes les fois que l'on pourra concilier l'intérêt personnel avec l'intérêt public. Il est de l'intérêt public que l'argent circule, parce que cette circulation anime & vivifie toutes les branches du Commerce : il circulera plus aisément, si l'on permet à ceux qui ont de gros capitaux de les prêter à intérêts, pour en être remboursés à des époques convenues ; parce que dans ce bénéfice le prêteur trouvera l'attrait dont il a besoin pour mettre son argent hors de ses mains ; ce qui n'exclura point une maniere de prêter plus noble de la part des ames généreuses.

Ainsi le crime d'usure ne doit point consister dans le prêt à intérêts ; mais en ce que ces intérêts pourroient excéder le taux fixé par le Prince : car si le Législateur ne doit point exiger de l'homme en général qu'il soit bienfaisant sans aucun intérêt personnel, il ne doit pas permettre non-plus que l'avidité mette à contribution le besoin, & que le prêteur tire de son argent un intérêt ruineux pour l'emprunteur : ainsi la peine relative à l'usure doit se restreindre au cas où l'intérêt de l'argent prêté excede le taux permis par les Ordonnances ; & cette peine, relativement à l'ordre social, nous paroît devoir être réprimée par une amende envers le Roi , formant au moins le double du bénéfice illégitime que l'ufurier fe propofoit de faire fur le prêt. La rigueur de nos anciennes Loix fur cette matiere eft exceffive & fans aucune proportion avec la nature du délit. L'Ordonnance d'Orléans , art. 141 , prohibe les conventions ufuraires & les détours employés pour les couvrir , fous peine de punition corporelle & de confifcation de biens.

§. II. *Du Monopole.*

Ce crime confifte à s'emparer de toute une marchandife ou denrée, pour y mettre enfuite un prix exorbitant ; on fent par·là combien il bleffe l'intérêt public. L'Ordonnance de François Ier, donnée à Villers - Cotterets en 1539 , défend , art. 191 , les monopoles fous peine de confifcation de corps & de biens.

La févérité fans doute eft encore ici portée trop loin, à moins que le monopole ne foit tellement combiné, qu'il affame toute une Ville ou toute une Province.

Nous croyons, comme dans l'efpece précédente, que ce délit dans les cas les plus ordinaires feroit fuffifamment puni par une condamnation d'amende envers le Roi, au moins équivalente au double du bénéfice illégitime que le monopoleur auroit fait, ou équivalente à celui qu'il fe feroit propofé de faire.

§. III. *De la Concuffion.*

La concuffion eft le crime de l'Officier public qui exige des préfens ou de l'argent qui ne lui eft pas dû : c'eft encore la même peine de confifcation de corps & de biens qui fe trouve prononcée contre ce délit par l'Ordonnance de Moulins, art. 23.

Dans ce cas, il convient de condamner le concuſſionnaire à la reſtitution de ce qu'il a mal‑à‑propos reçu, à une amende envers le Roi formant le double de ce qu'il aura reçu, & de le deſtituer de ſon Office.

§. IV. *Du Stellionat.*

Celui-là eſt ſtellionataire qui vend ou engage des immeubles qui ne lui appartiennent pas, pour ſe procurer les deniers d'autrui ; ou qui hypotheque comme francs & quittes ſes immeubles, quoiqu'ils ſoient grevés de différentes charges.

Nos Loix, ſi ſéveres dans une multitude de cas, ne prononcent point de peines contre ce crime ; on ne le pourſuit même preſque plus aujourd'hui que par la voie civile, & l'on ſe contente d'ordonner

le remboursement de la créance contre le débiteur stellionataire, avec
contrainte par corps.

Indépendamment de cette resti-
tution, qui ne concerne que la partie lésée, il faut, pour la réparation due à l'ordre public, punir ce
délit par une amende envers le Roi,
que le Juge arbitrera suivant les facultés du coupable, & pour laquelle
il sera retenu en prison jusqu'à ce
qu'elle soit payée, ou jusqu'à ce que
le Roi juge à-propos de lui en faire
la remise, s'il est dans l'impossibilité
du paiement.

On pourroit encore placer peut-
être au nombre des crimes punissa-
bles par des condamnations pécuniaires, le délit du dépositaire des
deniers royaux, qui les emploie à un
autre usage qu'à celui de leur desti-
nation ; soit parce qu'il est pressé par
le besoin, soit parce qu'il espere

pouvoir les rétablir par quelques opérations dont il attend l'événement. La Déclaration du Roi du 3 Juin 1701 prononce la peine de mort contre ce crime ; mais l'excès de fa vigueur en empêche l'exécution. Ne vaudroit-il pas mieux y fubftituer une peine plus douce & ftrictemement exigée ; ajouter à la deftitution de l'emploi, la condamnation d'une amende confidérable, jufqu'au paiement de laquelle le délinquant garderoit prifon ?

Si le dépofitaire de deniers royaux s'étoit enfui avec l'argent de fa caiffe, il y auroit crime de vol ; il feroit puniffable par les condamnations dont on va parler.

CHAPITRE V.

Des délits qu'il convient de punir par la condamnation aux travaux publics, & par la confiscation.

CES délits font ceux de vol ou équipollens au vol : délits produits, foit par le befoin qui naît d'une oifiveté volontaire, foit par l'appât d'un profit illégitime ; & fous l'un & l'autre point de vue, le rapport de la peine avec le crime eft établi.

Si le vol ou l'acte équivalent a pour caufe l'oifiveté, la peine la plus oppofée à la nature de ce vice eft celle fans doute des travaux les plus fatigans.

Si le vol ou l'acte équivalent a pour caufe la cupidité du bien d'autrui, il faut que celui qui en eft coupable foit privé non-feulement de tout ce qu'il poſſede, mais même du ſalaire attaché aux travaux les plus pénibles.

§. Ier.

Nous aſſimilerons au vol la banqueroute frauduleuſe : ce crime n'eſt preſque jamais puni parmi nous.

Un intrigant monte une maiſon de commerce conſidérable ; quand il a attiré dans ſes mains l'argent ou les marchandiſes de ſes correſpondans, il fait ſon partage & prend la plus groſſe part : il appelle enſuite ſes créanciers pour leur dire qu'il eſt ruiné ; il ne leur abandonne que ce qu'il croit indiſpenſable pour les faire entrer dans ſes vues. Ces créanciers craignant de tout perdre par les frais qu'entraînent les pourſuites judiciaires, forment un corps de direction ; & ſouvent l'intrigant pouſſe l'art au point de ſe faire va-

loir comme néceſſaire , ſous prétexte que lui ſeul peut leur faci-
liter les recouvremens modiques qu'il
leur abandonne. Quand ſa décharge
eſt une fois acquiſe, ou quand ſes
affaires ſont terminées, il jouit ſans
ſcrupule & ſans gêne , aſſez publiquement, d'une aiſance ou d'une fortune qu'il ne doit qu'à la fraude.
Heureux encore ſes créanciers , s'il
n'inſulte pas , par ſon faſte , à la
miſere à laquelle il les réduit !

Pour arrêter le cours d'un pareil
ſcandale & mettre la Juſtice plus à
portée de le réprimer, il conviendroit qu'un débiteur en faillite ne
pût faire aucun arrangement avec ſes
créanciers ſans le concours du Miniſtere public, & que l'Officier, re-
vêtu de ce caractere , rendît plainte
contre tout failli ou banqueroutier
qui ſeroit hors d'état de juſtifier des
pertes par lui faites , & des cauſes

raisonnables qui auroient pu le mettre dans l'impossibilité de satisfaire à ses engagemens. La crainte d'une pareille recherche, qu'on élude si aisément aujourd'hui, seroit un frein salutaire contre une fraude aussi monstrueuse ; & si la peine de mort nous paroît trop sévere pour un délit de ce genre, le banqueroutier frauduleux peut être justement condamné , soit pour un temps , soit à perpétuité , aux travaux publics, suivant les circonstances qui peuvent aggraver plus ou moins son délit.

§. II.

Quant au vol proprement dit, nous en distinguerons de plusieurs sortes : le vol dans les maisons par un étranger & sans effraction ; le vol avec effraction ; le vol domestique ; le vol dans les rues & sur les grands-chemins.

Le vol commis dàns les maiſons par un étranger, & ſans effraction, peut être ſuffiſamment puni par une condamnation de quelques années aux travaux publics; & ſi c'eſt une femme qui l'a commis , par ſa ré-cluſion dans une maiſon de force.

Maïs , pour les autres eſpeces de vols, il faut une peine plus rigou-reuſe.

La ſévérité des peines propres à prévenir le danger, doit s'accroître en proportion de ce que la pru-dence de l'homme auroit moins de pouvoir pour s'en garantir : car, s'il s'agit d'une ſorte de torts dont je puiſſe me préſerver par quelques pré-cautions, le corps ſocial ſera moins inquiet ; il pourra même me repro-cher quelque négligence; il exigera, dans ce cas , une peine moins ſé-vere contre celui qui aura profité de ma faute : ce principe , puiſé dans la nature des chofes, peut fervir de guide pour les diftérens degrés de peines que méritent les délits, chacun dans leur genre.

Ceci pofé, le vol fans effraction, commis dans les maifons par un étranger, eft d'une conféquence moins dangereufe que les autres efpeces de vols ; car je fuis jufqu'à un certain point le maître de ne recevoir, dans mon intérieur, que des perfonnes dont la réputation m'annonce l'honnéteté ; je fuis au moins le maître, quelques perfonnes que je fois obligé de recevoir, de ne point laiffer à portée de mains fufpectes, des effets, bijoux ou deniers qui peuvent difparoître en un inftant : mais il n'en eft pas de même ni du vol domeftique, ni du vol avec effraction ou avec de fauffes clefs, ni du vol fur les grands-chemins ou dans les rues. Je fuis obligé de me fier à mon domeſtique ; je prends toutes les précautions de la prudence quand je renferme ſous la clef ce qui m'appartient ; je ſuis néceſſité pour mes affaires , ou pour les communications que comporte l'état ſocial, d'aller dans les rues , de voyager ſur les grands-chemins.

Il faut donc placer ces trois eſpeces de délits ſur la même ligne , le vol domeſtique , le vol avec effraction , le vol ſur les grands-chemins & dans les rues. L'ordre public eſt dans le cas d'en éprouver les mêmes inquiétudes ſans avoir de négligence à reprocher à la partie léſée : ces trois eſpeces de délits paroiſſent devoir être punies par la condamnation aux travaux publics à perpétuité (1).

____

(1) Il faut excepter néanmoins les vols commis à main armée ou avec inſtruments

§. III.

§. III.

A côté des especes de vol dont nous venons d'établir la peine, nous croyons devoir placer les différens crimes de faux, qui ont pour objet ou d'exiger d'autrui ce qui n'est point dû, ou de le tromper par de fausses valeurs. Distinguons ici le faux commis hors des fonctions publiques, d'avec le faux commis dans l'exercice de pareilles fonctions.

Le faux commis hors des fonctions publiques, est moins grave; il doit être puni avec moins de sévérité; je pouvois me dispenser de traiter avec cet intrigant qui m'a donné de fausses lettres de change:

---

de fidélité, qui méritent une condamnation plus sévere, & dont il sera question dans un moment.

E

mais comment puis - je me pré -
ferver d'un faux de la part d'un
Officier public ? Je fuis obligé, par
les formes établies, d'employer fon
miniftere dans une multitude de
cas : c'eft un Officier public qui
reçoit mes actes ; c'eft un Officier
public qui juge & prononce fur
mes intérêts ; c'eft dans l'exactitude rigoureufe d'un pareil miniftere
que réfide , en grande partie , la
tranquilité publique. L'ordre focial
eft donc fondé à réclamer des peines
féveres contre des délits qui le com-
promettent aufii effentiellement; &
fi la peine de mort, prononcée par
nos Loix, paroît trop rigoureufe ,
& eft par cela même rarement infligée, on peut y fubftituer la condamnation aux travaux publics à
perpétuité.

§. IV.

La même peine doit être infligée

pour une autre nature de faux ; contre l'Ouvrier qui fe fert de faux poinçons dans les ouvrages d'orfévrerie d'or & d'argent , & contre les fabricateurs de fauffe monnoie ; parce qu'en donnant de fauffes valeurs pour de véritables , & trompant ainfi la foi publique , leur crime doit être au-moins affimilé à celui du vol.

Obfervons que, dans tous les cas où la condamnation aux travaux publics aura lieu, foit à temps, foit à perpétuité , la peine de confifcation doit être également prononcée : favoir, la confifcation des revenus pour le temps que doit durer la peine, fi elle eft à temps ; & la confifcation des fonds, de la maniere expliquée au Chapitre XIII de notre Premiere Partie, fi la peine eft à perpétuité.

CHAPITRE VI.

Des délits qu'il convient de réprimer, principalement par les humiliations & le déshonneur.

CES délits font ceux qui ont pour principe la vaine gloire & le faux honneur : ici fe placent les crimes de duel, fous leurs formes différentes.

Les peines portées par l'Edit de 1679 font de la plus grande févérité. Il prononce la peine de mort contre les duelliftes, lors même que ce crime n'a point été accompagné d'homicide, & la confifcation de leurs biens. Si l'un des deux eft tué, le procès doit être fait à fa mémoire. Si un Roturier a provoqué un Gentilhomme, par le fait feul de la provocation, il doit être pendu.

Ceux qui auront porté le billet de provocation doivent être fouettés & marqués pour la premiere fois, envoyés aux galeres pour la seconde. Les spectateurs du combat doivent être privés pour toujours de leurs charges , dignités & pensions ; & s'ils n'en ont pas, on doit prononcer contre eux, ou la confiscation, ou l'amende du quart de leurs biens.

Cette Loi formidable est vivement combattue par un préjugé cruel, qui veut que l'Homme d'honneur, le Gentilhomme , le Militaire sur - tout , lavent leur offense dans le sang de leur ennemi.

Qu'il nous soit permis de faire sentir 1° les inconvéniens de la Loi dans sa rigueur excessive.

2°. De combattre le préjugé par son absurdité même.

3°. De proposer une réparation

judiciaire tellement satisfaisante ,
qu'elle dispense l'offensé de recourir
aux armes pour venger son injure.

4°. D'indiquer des peines réprimantes moins cruelles, mais plus
efficaces.

§. Ier.

Le premier inconvénient de la
Loi, c'est qu'elle est en contradiction
avec l'opinion publique.

L'assassinat est le crime d'un lâche,
qui prend ses avantages & tue sans
risques pour lui – même : il mérite
par conséquent de mourir dans un
supplice ignominieux , & la peine
prononcée par la Loi est toujours
concordante avec l'opinion publique
sur ce point. Mais on est loin de
regarder comme lâche ou infame un
Citoyen, qui, trop fier pour souffrir
une offense, trop prompt pour attendre une justice lente des Tribunaux,

trop brave pour craindre le danger, appelle fon adverfaire au combat avec des armes égales, & lui porte la mort en courant les rifques de la recevoir; il répugne donc à l'opinion publique, qu'un tel coupable foit puni du même genre de fupplice que le lâche affaffin.

2°. Nous avons pofé comme principe général, que la peine la plus contraire à l'affection vicieufe qui a produit le délit, étoit néceffairement la plus réprimante & la plus efficace : or, peut-on dire que la peine de mort foit véritablement réprimante pour des gens dont le délit confifte à fe jouer de leur propre vie & de celle d'autrui ? Si l'homme, pour qui la vie feroit un fardeau pénible, étoit furpris & arrêté dans fes deffeins au moment où il voudroit trancher fes jours, qu'on le jugeât & qu'on le condamnât à la mort, ne diroit-il pas au Bourreau: *Je vous remercie de la peine que vous m'évitez, & du bon office que vous allez me rendre?*

3°. Non-seulement la rigueur de la Loi n'a point eu l'effet d'empêcher les duels, mais elle a produit de très-grands inconvéniens. Avant cette Loi, les duellistes étoient dans l'usage de se faire accompagner au combat; & leur vaine gloire aimoit à se procurer des témoins de leur valeur: mais depuis les peines séveres prononcées contre les assistants, les duellistes combattent seuls, & même dans le plus grand secret. Il n'est pas rare que de ces deux combattans l'un soit plus brave & plus noble que l'autre: mais le moins brave est souvent le plus dangereux; car, s'il accepte le combat pour conserver son honneur, il prendra ses avantages pour conserver sa vie en donnant la mort à son adverfaire, & il pourra prétendre encore qu'il s'eft généreufement battu, car le mort ne le contredira pas.

La Loi des duels, telle qu'elle exifte aujourd'hui, préfente donc des inconvéniens fenfibles. Il eft à défirer qu'on la modifie. L'opinion fur le point d'honneur, qui porte au duel, eft abfurde ; il faut la détruire.

§. II.

C'eft une pofition étrange, dans les mœurs actuelles, que celle d'un galant homme, d'un Noble ou d'un Militaire qui a reçu une offenfe ; à qui la Loi défend de fe battre fous peine de mort, & à qui le préjugé ordonne de fe battre fous peine de déshonneur ; à qui les Tribunaux offrent une réparation fans aucun rifque pour lui, & à qui le préjugé commande de fe faire juftice à lui-même au péril de fa vie !

Ce préjugé tient-il donc aux véritables principes de l'honneur, ou ne s'agit-il que d'un préjugé abfurde & d'un ufage barbare ?

« Cet ufage, dit l'Auteur de l'Efprit des Loix, tom. 3, p. 147, » nous vient de la barbarie de nos » peres; de ces temps où la Juftice » humaine, fans principe & fans » guide, foumettoit à Dieu la déci-» fion des conteftations qu'elle étoit » incapable de terminer, & croyoit » que la décifion devoit dépendre » de l'événement d'un combat dans » lequel l'Auteur de toute Juftice » devoit faire triompher l'innocent, » comme fi le Créateur devoit pro-» duire un miracle pour fuppléer à » l'impéritie du Juge ».

Mais fommes-nous donc encore dans ces temps d'épaiffes ténebres ?

les principes de l'ordre social ne font-
ils pas connus ? pouvons-nous encore
ignorer que tout homme, régi par
des Loix , a remis à la Puiffance
publique le droit de le juger ; que
fe faire juftice à foi-même, c'eft entreprendre fur les prérogatives de
cette Puiffance , & troubler l'Etat ?
Si un Citoyen, de quelque condition qu'il foit , reçoit une offenfe,
les Tribunaux ne font-ils pas ouverts
à fa réclamation ? n'avons-nous pas
des Magiftrats dignes de la vénéra-
tion publique , & qui font armés
du glaive de la Loi pour venger
les torts qui nous font faits ?

Pourquoi , dans l'Ordre militaire
fur-tout, femble-t-on accréditer un
préjugé auffi dangereux ? pourquoi
tel Officier, brave d'ailleurs , eft-il
fourdement , mais fignificativement
éanmoins, menacé de fe voir priver
de fon emploi, s'il refufe de fe battre

en duel ? feroit-ce donc que l'Ordre militaire formeroit une claffe de Citoyens à laquelle nos Loix feroient étrangeres , & qu'il feroit au-deffous de lui de s'adreffer aux Tribunaux ? Mais fi en matiere d'offenfe perfonnelle , un Militaire eft en droit de fe faire juftice, pourquoi n'étendroit-il pas cette faculté aux intérêts de fa fortune ? pourquoi ne diroit-il pas au Seigneur de fon voifinage : *Votre château & votre terre font à moi ; je veux vous le prouver les armes à la main ?*

Penferoit-on que cet ufage des combats finguliers feroit néceffaire pour entretenir l'intrépidité du courage & le mépris de la mort; & qu'une multitude , ainfi difpofée , feroit plus formidable à l'ennemi ? Mais qu'a de commun ce genre d'efcrime obfcur avec ces actions d'éclat dans lefquelles la Nobleffe

Françoise a tant de fois donné des preuves de la plus haute valeur ? Mais les Romains, ces Conquérans du monde; les Carthaginois, pendant long-temps leurs fiers rivaux ; les Lacédémoniens, cette Nation créée pour la guerre par les principes fondamentaux de son établissement, connurent-ils l'usage des duels ? Lycurgue, Législateur de ces derniers, leur fit - il un devoir de venger leur offense par les armes & par le sang ? Cependant les ames de ces Guerriers étoient grandes; mais leurs intérêts particuliers se concentroient dans l'intérêt de la Patrie, dont il falloit défendre les possessions ou étendre la gloire. . . . Jeunes Militaires, qui oubliez que votre sang est consacré à l'Etat, qui ne craignez pas de le répandre pour un geste, pour une parole, entendez Thémistocle la veille d'une bataille ! Il

foutient avec fermeté, contre l'avis
d'Euribiade, que, pour affurer la
victoire, il faut livrer le combat dans
le détroit de Salamine ; Euribiade,
irrité de la réfiftance, leve la canne
fur lui avec un gefte offenfant &
des paroles menaçantes : *Frappe*, dit
Thémiftocle, *mais écoute.* Ce fang-
froid fublime enchaîne la pétulance ;
Thémiftocle eft écouté, fon confeil
eft fuivi, & la Grece eft fauvée.

Nos mœurs, dit-on, ne font pas
celles des Romains ni des Grecs ;
un Militaire, un Gentilhomme, qui
refufe de fe battre, eft fufpecté de
lâcheté par cela même ; on imagine
qu'il craint le danger : cette opinion
le dégrade, & le rend par conféquent
indigne de fervir le Roi.

Mais fi un infenfé, jaloux de montrer fon intrépidité, porte à la mienne
le défi de me précipiter avec lui du
haut d'une tour, dois-je donc paffer

pour un lâche , en me refufant à cette extravagance ? La raifon me permet-elle d'expofer ma vie, quand ma mort eft contraire à l'intérêt de l'Etat, à celui de ma famille , au mien propre ? Pourquoi compromettre auffi légérement fon exiftence, vis-à-vis d'un fpadaffin que quelquefois on rougiroit d'avoir pour ami ? Accufons de lâcheté , dévouons au mépris public, le Guerrier qui fuiroit devant l'ennemi : mais pouvons - nous trop honorer celui qui , rendu à l'intérieur de fes foyers, après avoir fignalé fon courage fur la frontiere ou fur nos vaiffeaux, dépofe les armes devant la Loi, & juftifie, par fa conduite, fon refpect pour elle? Les Romains mettoient leur fang à trop haut prix pour le répandre dans des querelles particulieres ; mais ils avoient des efclaves qui, dans l'arêne, fe donnoient la mort avec grace & avec adreſſe pour égayer la férocité de leurs maîtres. En France & dans le ſiecle des lumieres, le Public maîtriſera-t-il par un préjugé barbare, nos plus nobles Citoyens ? en fera-t-il des gladiateurs ſerviles, pour amuſer ſes loiſirs ?

Non ; ce ſont de dignes Chevaliers, répondent les Partiſans de ces uſages, & non pas des eſclaves. Ils n'abuſent point de la victoire ; ils réuniſſent le courage à la généroſité. . . . A la généroſité, dites-vous ? . . . Mais ces raffinemens d'attention après le combat vis-à-vis de celui que vous avez bleſſé, cet air d'intérêt avec lequel vous envoyez ſavoir de ſes nouvelles, ſont-ils bien ſinceres ? Quoi ! vous le traitez en ami, parce que vous n'avez pu lui donner la mort ! vous voulez qu'il vous ſache gré de vos foins, quand fon fang coule par vos coups ! Le Cannibale , qui mange l'ennemi qu'il a vaincu , met au-moins , dans fa férocité, de la franch'fe. Il étoit donc réfervé à l'homme civilifé , d'être cruel & faux tout-à-la-fois , & d'allier un cœur barbare avec les dehors de l'urbanité.

Nous ofons penfer , pour l'honneur de nos mœurs , qu'un préjugé auffi révoltant ne tient plus qu'à peu de chofe. Que celui de nos Guerriers , qui fe fera le mieux montré devant l'ennemi , & qui, dans un moment de vivacité , aura eu le malheur d'offenfer fon égal , ait affez de grandeur pour avouer fes torts, pour en faire volontairement réparation , & pour refufer le combat s'il y eft provoqué ; on ne fufpectera point fon motif. Que le Prince, par une conduite concordante avec fa vo-onté légale , honore , dans ce généreux Militaire fon dévouement à la Loi, & la révolution eſt faite. L'homme qui ne marque pas, pourra s'autoriſer de l'exemple de l'homme qui marque ; il ne fera point ſuſpect de lâcheté pour avoir refuſé le combat, quand la valeur même reconnue, honorée, aura craint de ſe compromettre en l'acceptant.

§. III.

Il y a plus de grandeur à reconnoître volontairement ſes torts qu'à les ſoutenir les armes à la main ; les ſatisfactions de cette premiere eſpece feront par conféquent toujours rares : il faut donc, pour l'intérêt de l'honneur, aſſurer à l'offenſé, dans les Tribunaux, une réparation telle qu'elle puiſſe lui enlever le deſir de ſe faire juſtice à lui-même.

Si un Roturier (1) s'eſt rendu coupable d'un propos injurieux vis-à-vis d'un Noble , qu'il ſoit tenu de venir en perſonne lui faire excuſe , & réparation d'honneur à l'Audience publique , dont il ſera donné acte par Jugement à l'offenſé ; ſinon , condamné en une amende envers le Roi , équivalente à deux années de ſon revenu.

Si c'eſt le Noble qui a fait injure au Roturier , qu'il ſoit condamné à ſe tranſporter chez le Notaire que celui-ci lui indiquera par ſommation ; pour , en préſence de ce Notaire & des témoins , être dreſſé procès-verbal de la réparation , dont il reſtera minute ; & à défaut de le

----

(1) Nous entendons ici un homme qui occupe dans la Société une place honnête , & à qui l'uſage des armes n'eſt point étranger.

faire, qu'il foit condamné à une amende à l'arbitrage du Juge.

Si l'offenfeur & l'offenfé font de condition égale, que l'offenfeur foit tenu de faire réparation chez telle perfonne, & en préfence de telles autres que l'offenfé jugera à propos de choifir, dont il fera également dreffé procès-verbal devant Notaires; finon, l'amende d'une année de revenu déclarée encourue au profit du Roi pour défobéiffance à Juftice.

S'il y a eu un foufflet, que la réparation foit faite à genoux; & à défaut de la faire, que l'offenfeur foit condamné à une amende plus forte, & même à quelque temps de prifon fuivant les circonftances; que dans tous les cas il foit permis d'imprimer & rendre publique la Sentence qui prononcera la condamnation.

L'offenfe fe fait-elle entre Mili-

taires en Garnifon , ou entre Militaires en exercice fous l'infpection
de leurs Supérieurs? qu'il foit enjoint au Militaire offenfé par fon
égal , d'ordonner de la part du Roi
les arrêts à fon agreffeur : une in-
jonction pareille préfente d'abord
un caractere de dignité & de grandeur, bien propre à faire difparoître
les humiliations de l'offenfé. Que
l'offenfeur foit tenu de faire réparation à l'offenfé devant leurs Supérieurs , & qu'à défaut de la faire,
il foit caffé. Si l'offenfe eft faite à un
Officier fupérieur, que l'offenfeur,
indépendamment de la perte de
fon grade, foit condamné à la prifon
pendant un temps , fauf à être par
la fuite remplacé dans un autre corps,
s'il prouve , par une conduite plus
mefurée , qu'il eft digne de cette
grace.

L'offenfé provoqueroit-il le duel

pour fe faire juftice à lui - même ?
non - feulement , & par le feul fait
de cette provocation , il ne pourra
plus prétendre à aucune réparation ;
mais même il doit être privé de
fon emploi ainfi que l'offenfeur.

§. I V.

Si, malgré l'abfurdité démontrée
du préjugé, & la réparation affurée
à l'offenfé , quelques hommes por-
toient encore le fanatifme de la
vaine gloire & du faux honneur ,
jufqu'au point de vouloir terminer
leurs querelles particulieres par l'événement d'un combat fingulier ; alors,
c'eft principalement par le déshonneur des coupables qu'un pareil
délit doit être réprimé.

Pour déterminer l'application de
la peine avec fes acceffoires, nous
diftinguerons le cas où le duel auroit eu lieu par la provocation de

l'offensé, d'avec le cas où l'auteur de l'offense est en même temps le provoquant.

Premier Cas.

Quand c'est l'offensé qui a provoqué le combat accepté par l'offenseur, il faut regarder l'offenseur & l'offensé comme étant également coupables de duel: l'offensé, puisqu'il l'a provoqué; l'offenseur, parce qu'il a donné lieu à la provocation, & qu'il a accepté le combat; ils doivent être par conséquent punis des mêmes peines.

Sont-ils Nobles? ils doivent être tous les deux dégradés de noblesse & destitués de leurs dignités & de leurs emplois à perpétuité, avec défenses de porter les armes. Le Prince doit rejetter des serviteurs qui prostituent ainsi leur courage, au lieu de le réserver pour sa dé-

fenfe & pour fa gloire. Sont-ils
Roturiers ? la même deſtitution &
les mêmes défenſes doivent avoir
lieu ; ils doivent être de plus dé-
clarés incapables de ſervir le Roi,
ſoit à la guerre, ſoit dans des Offices
publics , de quelque nature que
ce ſoit. L'un des deux duelliſtes
eſt - il Noble , & l'autre Roturier ? il n'y aura rien à changer
aux peines ci-deſſus : le Noble qui
accepte le combat pɩopoſé par le
Roturier , ou qui l'a provoqué lui-
même , a compromis ſa nobleſſe;
il faut le placer ſur la même ligne
que ſon adverſaire , relativement
aux peines encourues. Le combat
a-t-il été ſuivi de mort ? point d'indemnité contre l'homicide pour les
parens ou enfans de l'homicidé, il
a bien voulu courir les riſques de
ſa vie : point de condamnation d'a-
mende à titre d'indemnité pour
l'Etat;

l'Etat ; la perte d'un pareil Sujet eſt trop modique : mais l'homicide, indépendamment des peines ci-deſſus énoncées , gardera priſon pendant un temps, pour empêcher que quelque parent-de l'homicidé ne cherche à venger ſa mort par un même genre de combat.

Second Cas.

L'auteur de l'offenſe eſt-il en même temps celui qui a provoqué le duel en menaçant ſon ennemi de lui faire un mauvais ſort, s'il refuſoit de ſe battre ? le provoquant alors eſt ſeul coupable ; car ſes excès ont placé ſon adverſaire dans l'état de nature , & l'ont réduit à la néceſſité d'uſer de ſa force & de ſon adreſſe pour défendre ſes jours; le provoquant ſera donc ſeul puni. Si le combat n'a point été à mort, que le provoquant, comme il eſt dit ci-

F

deſſus , ſoit dégradé de Nobleſſe ,
s'il eſt Noble ; qu'il ſoit déclaré incapable de ſervir le Roi dans aucuns
emplois ou offices, s'il eſt Roturier ;
& comme le crime de ce provoquant
eſt plus grave que dans la premiere
eſpece, que ſon épée ſoit caſſée par
le Bourreau, avec défenſes à lui de
jamais porter les armes ; qu'il ſoit
de plus, tenu de garder priſon pendant quelques années.

Le provoqué contraint de ſe battre a-t-il été tué ? que le provoquant
alors ſoit encore condamné à une
amende envers le Roi, équivalente
au quart de ſon bien, pour l'avoir
privé d'un de ſes Sujets ; à une indemnité d'un pareil quart au profit
de la famille de l'homicidé , & à
un temps de priſon beaucoup plus
long.

Eſt-ce au contraire le provoquant
que l'événement du combat a puni ?

il a reçu le châtiment qu'il méri-
toit ; & le provoqué, comme nous
l'avons déjà dit, n'ayant donné la
mort que pour défendre fa vie, doit
être affranchi de toute peine ; il
jouira même fans aucune altération
de l'eftime des gens de bien.

Cette maniere de procéder, qui
rejette fur l'offenfeur & fur le provoquant tout le poids de la peine,
& qui réprime le délit par la nature
de châtiment, la plus contraire à fon
principe, nous paroît plus efficace
que ces peines fanguinaires, & prefque toujours éludées, portées par
la Loi de Louis XIV ; & fi elle eft
adoptée & maintenue par le Légiflateur, il y a lieu de croire enfin
qu'elle fera ceffer un ufage, dont la
barbarie dégrade un fiecle, qu'on
pourroit appeller fans cela celui des
lumieres & de la raifon.

CHAPITRE VII.

Des délits qui doivent être punis de mort.

Nous avons déja dit & prouvé dans notre premiere Partie que les attentats de guet-à-pens doivent être punis de mort.

Mais il se présente ici quatre difficultés importantes qu'il faut résoudre.

1°. Celui qui a machiné un assassinat, & qui a été empéché de le commettre, doit-il être puni de mort ?

2°. Le faux témoignage, qui a eu pour objet de faire condamner un innocent au dernier supplice, doit-il être puni de mort ?

3°. Le genre de condamnation que l'on prononce à l'occasion du fuicide, doit-il être confervé ?

4°. La Loi concernant l'infanticide ne doit-elle pas être modifiée ?

§. Ier. Dé l'Affaffinat non confommé.

Le Code Britannique, qui penche
vers la tolérance, fe contente de punir cet attentat de la prifon. Les
Jurifconfultes Anglois partent de ce
principe, que pour encourir la peine
il faut le concours de l'acte prohibé
par la Loi, & de la volonté de le
commettre : d'où ils inferent que la
volonté, quoique manifeftée, étant
demeurée fans effet, il n'y a pas lieu
à la peine ; & que d'ailleurs la Société n'éprouvant pas dans cette
circonftance la perte d'un Citoyen,
elle n'a pas le droit d'exiger la mort
du coupable en réparation de l'attentat.

F 3

On peut répondre que la peine de mort contre le meurtrier n'a pas pour objet la réparation du meurtre par lui commis, puifque ce meurtre eft irréparable ; mais que la rigueur de cette peine eft juftifiée par le danger que courroit l'ordre focial, fi de pareils attentats n'étoient pas auffi févérement punis.

Ceci pofé, la difficulté rentre dans cette queftion : La Société n'a-t-elle pas autant à craindre du fcélérat qui n'a pu confommer fon affaffinat, parce qu'il a été furpris, que du fcélérat qui l'a confommé, parce qu'il n'a point trouvé d'obftacle ? Si, comme on n'en peut douter, la Société eft également intéreffée à effrayer par la févérité du châtiment ceux qui feroient capables de les imiter ; fi le degré de perverfité dans ces deux coupables eft abfolument le même, pourquoi n'y auroit-il pas pareil degré de févérité dans la peine (1)?

Par fuite de ce principe, nous conclurons que la peine de mort doit être prononcée contre tout voleur à main armée, foit dans les rues, foit dans les grands chemins, foit dans les maifons, quoique le vol n'ait point été accompagné d'homicide; parce que ces armes annoncent qu'en cas de réfiftance l'attentat eût été commis. Nous penfons, à plus forte raifon, que quiconque eft coupable de rebellion à Juftice à main armée, doit être également puni de mort; nous croirions feulement qu'il faut diftinguer le genre du fupplice, réferver celui de la po-

____

(1) L'Ordonnance de 1547, donnée par Henri II à Saint Germain-en-Laie, punit la machination du crime d'affaffinat comme l'affaffinat lui-même.

F 4

tence aux attentats de ce genre qui n'auroient point été confommés , & celui de la roue à l'affaffinat & au meurtre effectués.

§. II. *Du faux témoignage en matiere grave.*

Deux faux témoins fe concertent pour charger un accufé d'un crime dont il n'eft point coupable, & pour l'affaffiner avec le glaive de la Juftice. Leur complot fe découvre dans l'inftruction : ces témoins doivent-ils fubir le fupplice qu'ils vouloient faire fubir à l'innocent ?

Le faux témoin dans ce genre eft plus coupable fans doute que le fcélérat qui affaffine fur les grands-chemins ; parce que celui qui eft attaqué de la forte peut quelquefois repouffer la force par la force ; au lieu que l'accufé n'a fouvent qu'une dénégation impuiffante à oppofer au faux témoignage. Ce crime eſt un attentat direct contre Dieu, au nom duquel le faux témoin jure de dire la vérité ; contre la Juſtice, à laquelle il tend le piege le plus dangereux ; contre la Société, qu'il veut priver d'un Citoyen honnête.

Chez les Romains, ſuivant la Loi *Cornelia de Sicariis*, ce crime étoit puni de mort ; parmi nous, l'Ordonnance de 1531 prononce pareille peine, même dans des circonſtances moins graves. L'Edit de 1680 laiſſe, à la vérité, à l'arbitrage du Juge la condamnation qui doit être prononcée contre ceux qui commettent le faux hors d'une fonction publique ; mais pluſieurs Arrêts depuis ont condamné un faux témoin à mort, quand ſa dépoſition tendoit à faire périr l'accuſé.

Cette peine eſt celle du talion, & rien ne paroît plus juſte.

F 5

Mais l'Anglois, qui raifonne pro-
fondément, fait encore une objec-
tion férieufe fur ce point. Suppo-
fons, dit-il, cette Loi du talion
ftri&ement exécutée : quand celui
qui a véritablement vu commettre
l'affaffinat par tel individu fera appellé pour en dépofer, il fentira
qu'il va dépofer au péril de fa vie ;
il craindra que l'accufé, qui a grand
intérêt de faire tomber fa dépofition, ne pratique des témoins dont il
fe fervira pour la faire rejetter comme
fauffe, & pour le faire punir comme
calomniateur ; dans cette inquié-
tude il aimera mieux garder le fi-
lence fur ce qu'il aura vu, que
d'ofer ainfi fe commettre. Tel eft le
motif qui, dans la Légiflation Angloife, a fait rejetter la peine de
mort contre le faux témoin, même
dans la matiere la plus grave, pour
y fubftituer la prifon.

Mais un pareil motif ne paroît

pas devoir nous arrêter. Un témoin qui a la vérité pour objet, doit bien moins appréhender la peine attachée à la perfidie du faux témoignage, que le faux témoin lui-même : car la fausseté du témoignage suppose presque toujours la possibilité de la prouver ; au lieu qu'un témoignage véritable se fortifie par le concours de toutes les circonstances qui lui sont relatives. Il n'est donc pas probable qu'un coupable de crime capital puisse trouver de faux témoins pour faire tomber les preuves acquises contre lui, sur-tout si la peine attachée au faux témoignage dans cette matiere est la peine de mort. Ajoutons que, pour convaincre un témoin de faux témoignage, il ne suffit pas de lui en opposer un qui dépose d'un fait inconciliable avec le sien ; il en faut au-moins deux : il en faudroit par conséquent au-moins quatre, pour faire tomber deux dépofitions faites à la charge de l'accufé ; ce qui rend le fuccès de la machination de la part de ce dernier, pour ainfi dire, impoffible. Cette impoffibilité fera encore mieux établie d'après les réformes que nous propoferons bientôt fur notre genre d'inftruction , & qui auront principalement pour objet d'affurer la vérité des témoignages.

§. III. *Du Suicide.*

L'homme doit-il regarder la vie comme un préfent de Dieu, qu'il foit tenu de conferver, jufqu'à ce qu'il plaife à Dieu de le lui ravir ? ou bien doit-il regarder fon corps comme une prifon gênante, dont il puiffe s'affranchir, de même que l'efclave qui rompt fa chaîne ? Il ne peut y avoir de doute fur cette queftion. La vie eft un bienfait du

Ciel ; elle ne devient un mal que pour les méchans. Le Citoyen appartient à l'Etat ; ayant droit aux fecours de la Société , il ne peut fans crime la priver, en fe donnant la mort , de ceux dont il eft tenu envers elle.

Mais eft-ce à l'homme de punir un pareil crime ? ce droit n'eft-il pas plutôt réfervé à la vengeance divine ? Les Nations les plus policées n'ont pas été d'accord fur ce point.

La Loi d'Athenes puniffoit le fuicide, en coupant la main qui avoit porté le coup mortel.

La Loi Romaine ne prononçoit aucune peine : *Si quis impatientiâ doloris, aut tædio vitæ, aut morbo, aut furore, aut pudore, mori maluit, non animadvertatur in eum* (1).

____

(1) Voyez le Digefte liv. 48, tit. 21, & le Code liv. 9, tit. 50, *de bonis eorum qui mortem fibi confciverunt.*

La Loi Britannique le punit par l'abandon ignominieux du corps de fon auteur traverfé par un pieu expofé fur un grand-chemin , & par la confifcation de fes biens: mais cette Loi eft dans une forte de défuétude. Les Conftitutions de Sardaigne veulent que le procès foit fait à fa mémoire , & qu'il foit pendu au gibet.

En France , fuivant les établiffemens de S. Louis, ce délit emportoit confifcation de meubles : l'Ordonnance de 1670 enjoint de faire le procès à la mémoire du défunt ; plufieurs Arrêts ont ordonné que les cadavres d'homicides d'eux - mêmes feroient traînés fur la claie , conduits à la voierie , & enfuite pendus par les pieds , avec confifcation de biens.

Ni la Loi ni la Jurifprudence n'ont certainement eu pour objet de punir perfonnellement l'auteur de ce délit : car quelle peine infliger à un cadavre dénué de toute senfibilité ! La peine frappe par conféquent contre la famille, contre les enfans du coupable qu'elle couvre de déshonneur, & qu'elle ruine en leur enlevant des biens que la Loi civile leur déféroit.

Le motif d'une condamnation pareille eft fondé fur cette préfomption, qu'un homme doit être détourné du projet de fe donner la mort, par la crainte de déshonorer & de ruiner fa famille.

Mais cette confidération ne peut avoir l'efficacité qu'on lui fuppofe. Si celui qui veut fe donner la mort n'aime pas fes enfans, il ne fera pas arrêté par la crainte de leur porter préjudice. S'il aime fes enfans au contraire, il ne fera point tenté de fe donner la mort : car il les aimera en pere ; il les aimera comme une émanation de fon être ; il confondra

leur exiſtence avec la ſienne; il ne pourra les aimer ſans lui, ni lui ſans eux.

Ajoutons qu'il eſt injuſte de vouloir ainſi répandre l'ignominie ſur la
famille d'un tel coupable. Cette famille doit-elle être punie, pour un
délit qu'il n'a pas dépendu d'elle de
prévoir ni d'empêcher?

Ce n'eſt donc pas par de pareils
moyens qu'on peut eſpérer de
réprimer des crimes de ce genre.
Quiconque ne craint point la mort
eſt au-deſſus de la Loi ; & lorſque
la rigueur de la Loi eſt impuiſſante,
c'eſt à la Religion de la ſuppléer
par la douceur de la perſuaſion.

§. I V. *De l'Infanticide.*

La deſtruction du fruit de la fé-
condité de la part de l'animal qui l'a
mis au jour, eſt ſans exemple dans
toutes les eſpeces inférieures à l'hom-

me, & régies par l'unique Loi de l'inſtinct. La lionne, devenue mere, n'a plus de férocité que pour défendre ſes lionceaux contre tout être qui pourroit leur nuire. Il étoit donc réſervé à la perverſité humaine, de donner l'exemple d'un attentat contre la Loi univerſelle de la Nature, & ſupérieur à la férocité même. Ce crime ne ſeroit pas concevable, ſi nos penchans naturels n'étoient ſouvent contrariés par des regles de conduite, qui ont pour objet de les rectifier ; car l'avantage & l'inconvénient ſont preſque toujours placés à côté l'un de l'autre, dans les inſtitutions des hommes.

Une fille devenue mere par foibleſſe, devient quelquefois cruelle par honneur. Elle ſupprime le fruit de ſa foibleſſe, pour ne point divulguer ſa honte : les larmes que la Nature lui arrache, & qu'elle répand ſur

l'enfant qu'elle se croit forcée de détruire, n'excusent point son crime ;
elle mérite d'être punie de mort
sans doute , si elle peut être convaincue de son forfait.

Mais sera-t-il permis d'infliger
une peine aussi rigoureuse, sur une
simple présomption ? Suivant l'Edit
de Henri I I, toute fille qui n'aura
point fait déclaration de sa grosses-
se, qui n'aura point pris de témoins
de son accouchement, & qui ne sera
point en état de représenter son enfant ou de justifier qu'il a reçu le
baptême, doit être, par cela seul,
présumée avoir donné la mort à son
enfant, & en conséquence condamnée à perdre la vie.

N'est-ce pas porter trop loin la
rigueur & exposer les Magistrats, dé-
positaires du glaive, à commettre
eux-mêmes un assassinat judiciaire ? Le
supplice d'une fille en pareille circons-

tance excite toujours moins d'indignation que de pitié : car enfin la préfomption , qui fait la bafe du jugement , n'exclut pas la poffibilité du
fait contraire. Cette fille a pu cacher
fa groffeffe & fon accouchement pour
l'intérêt unique de fon honneur ; &
fon enfant a pu périr avant que de
naître, ou dans l'inftant auquel il a
reçu le jour. Si cet enfant eft mort
de la forte, faudra-t-il faire encore
périr fa malheureufe mere , comme
fi elle étoit coupable de cette mort ?
Ne conviendroit-il pas, en pareille
circonftance, que le Miniftere public
ne pût requérir la peine , qu'en établiffant que l'enfant étoit né vivant ?
ou au-moins ne devroit-il pas être
permis à la fille , pour fa juftification , de prouver que l'enfant étoit
né mort ?

En Danemarck, en Suede, en Angleterre , il exifte des Loix contre

l'infanticide , fondées fur la même préfomption que celle de l'Edit do Henri I I : mais la Loi Angloife a été modifiée par le Statut 21 de Jacques Ier, qui porte que fi une mere a caché la mort de fon enfant bâtard , elle doit prouver par un témoin, que cet enfant eft mort-né, finon qu'elle fera convaincue de meurtre.

Ne devrions - nous pas adopter cette modification ? & fi un feul témoin dans nos principes ne fuffit pas pour former une preuve, au-moins doit-il en réfulter une préfomption capable de balancer celle que l'Edit de Henri II fait réfulter du défaut de déclaration de la fille ; & dans l'incertitude que cette balance peut préfenter, le parti le plus digne de la Loi, n'eft-il pas de la faire pencher du côté de l'humanité ?

Au furplus , ce crime eft un de

ceux qu'il feroit plus important
peut-être d'empêcher que de punir,
foit en établiffant dans toutes les
Provinces des afyles fûrs où la foi-
bleffe puiffe fe réfugier fous la fauve-
garde du myftere; foit en défendant
rigoureufement de faire le plus léger
reproche à la fille devenue mere,
qui, en pleurant fur fa faute, aura
le courage d'allaiter & d'élever publiquement fon enfant,

CHAPITRE VIII.

De quelques délits qui semblent exiger dans la peine des caracteres distinctifs.

L'OBJET de la Loi pénale, comme nous l'avons dit dans notre premiere Partie, n'est pas de faire souffrir le coupable, mais de faire une impression profonde sur la multitude. Plus un délit est atroce, & plus il convient d'étendre la terreur par l'appareil d'un supplice plus imposant, & avec des caracteres qui le distinguent. Téls sont les crimes de trahison privée ; tels sont ceux de l'incendie , de l'empoisonnement, du parricide , du régicide , & le crime de lese-Majesté divine.

§. Ier. *Du crime de trahison privée.*

Nous appellons ainsi le délit

du domeſtique qui tue ſon maître,
l'attentat de la femme qui donne la
mort à ſon mari, celui de l'Ec-
cléſiaſtique qui aſſaſſine ſon Supé-
rieur (1).

Plus les liens ſont étroits, plus les
crimes ſont grands. Les coupables
de pareils délits doivent être traînés
ſur la claie, en ſpectacle au peuple,
juſqu'au lieu du ſupplice; les hommes
rompus vifs, les femmes étranglées.

§. II. *De l'Incendiat ou du crime*
d'incendie.

Le crime d'incendie en cumule
pluſieurs. Non-ſeulement le coupable détruit, par ce forfait, la propriété de ſon ennemi; mais il at-

______

(1) Ces délits ſont appellés, trahiſon privée, pour les diſtinguer de la trahiſon publique, qui eſt l'attentat contre la Puiſſance
publique.

tente à fa vie & à celle des fiens, qui peuvent être confumés par le feu : non-feulement il attaque une propriété particuliere ; mais même celle de tout un canton, fur lequel la dévaftation peut s'étendre , par les progrès rapides de cet agent deftructeur.

Il n'y a donc guere de crimes qui méritent d'être punis avec plus de rigueur & plus d'appareil que celui-ci. Nous n'avons pas cependant de Loi précife fur ce point. Les Arrêts le puniffent par le fupplice du feu ; il convient de conferver l'ufage de cette peine , qui a une analogie parfaite avec la nature du crime , & le coupable doit être jetté vif dans les flammes.

§. III. *De l'empoifonnement.*

Donner la mort , en préfentant des alimens reçus pour conferver

la

la vie, c'eſt le crime de la perfidiā
la plus noire & la plus inſigne.
L'Edit de 1682 le punit de mort
ſans déterminer le genre de cette
mort ; & dans l'uſage, c'eſt la peine
du feu que l'on inflige.

Mais ce délit étant de nature
différente de celui de l'incendiat, il
conviendroit de le punir par un
ſupplice qui lui fût particulier ; car,
pour que le ſupplice produiſe, ſur
la multitude, l'effet qu'on en doit
attendre, il faut qu'il lui indique la
nature du crime, & lui en rappelle
toute l'atrocité. Voici donc de quelle
maniere le crime de poiſon pourroit
être puni.

Le coupable arrivé au lieu de
l'exécution, & étant monté ſur un
échafaud, près duquel exiſteroit une
grande chaudiere d'eau bouillante ;
le Bourreau lui préſenteroit une
coupe dont il lui jetteroit la liqueur

fur la face, comme pour l'accabler de l'horreur de fon forfait en lui en offrant l'image ; & le renverfe- roit enfuite dans la chaudiere d'eau bouillante (1).

§. IV. *Du Parricide.*

Il eft des crimes tellement graves, qu'ils ne peuvent être produits que par l'excès même de la fcélérateffe. Cet excès de fcélérateffe n'exif- te pas fans efprit d'incrédulité , d'irréligion , & quelquefois même d'intrépidité. Un criminel de ce genre regarde une mort prompte comme une apoplexie momenta· née, comme un paffage rapide & fans douleur de l'être au néant : c'eft à ces coupables qu'il faut ré- ferver un châtiment plus rigoureux

____

(1) Le fupplice de l'eau bouillante a lieu pour ce crime en Angleterre.

que la mort ; & ce feroit peut-être
le feul frein par lequel on pourroit
contenir les ames atroces capables
de les imiter.

Donner la mort à ceux de qui
nous tenons la vie ; à ceux qui ont
élevé notre enfance ; à ceux auxquels nous devons les avantages
dont nous jouiffons dans la fociété ;
à ceux qui, par un fentiment prefque
univerfel, placent leur bonheur ,
leur plus grande fatisfaction dans
nous-mêmes : c'eft fouler aux pieds
toutes les Loix divines & humaines ; c'eft ajouter la trahifon à l'ingra-
titude, & l'atrocité à la trahifon.

Solon n'avoit pas prononcé de
peine contre le parricide , parce
qu'il ne croyoit pas à la poffibilité
de ce crime. Les Perfes , fuivant
Hérodote , étoient dans la même
opinion ; & malgré la poffeffion
d'état d'enfant légitime, ils répu-

toient bâtard celui qui avoit tué son pere.

La Loi Romaine puniſſoit le parricide plus rigoureuſement que tout autre meurtre. Le ſcélérat , après avoir été déchiré à coups de fouet, étoit renfermé dans un ſac de cuir avec pluſieurs animaux venimeux : mais la Loi Britannique', ſouvent trop indulgente , ne punit pas le parricide autrement que le ſimple meurtre.

Nous penſons au contraire que la peine due à cet attentat , doit être diſtinguée par un genre de ſupplice plus impoſant pour la multitude , qu'une mort prompte.

Ce ſeroit de crever les yeux au parricide ; de l'enfermer dans une cage de fer , élevée de terre à une aſſez haute diſtance ; dans laquelle le coupable nu , à l'exception d'une ceinture formée de fer maillé , ſeroit nourri au pain & à l'eau jufqu'à la fin de fes jours ; & fe montreroit ainfi, expofé à toutes les rigueurs des faifons, tantôt le front couvert de neige, tantôt calciné par un foleil brûlant.

C'eft dans ce fupplice énergique, préfentant plutôt la prolongation d'une mort douloureufe que celle d'une vie pénible, qu'on pourroit vraiment reconnoître un fcélérat dévoué à l'horreur de la nature entiere ; condamné à ne plus voir le ciel qu'il a outragé, à ne plus habiter la terre qu'il a fouillée. Et quelle eft l'ame atroce, qui, à la vue d'un fpectacle ainfi perpétué, pourroit encore concevoir le projet monftrueux de donner la mort à celui ou à celle qui lui donna la vie?

§. V. *Du Régicide.*

Il n'y a point de crime qui ait

une plus grande analogie avec le parricide, que le régicide. Les Sociétés primitives durent leur exiſtence au gouvernement paternel : tel eſt le principe qui régit encore aujourd'ui une Nation immenſe, dont l'origine ſe perd dans l'obſcurité des ſiecles. L'Empereur des Chinois eſt le pere de l'Etat ; chaque Mandarin eſt le pere de la Province dont l'adminiſtration lui eſt confiée ; & chaque chef de famille, dans la Province, exerce ſur les ſiens cette autorité tempérée & bienfaiſante que le Chef de l'Etat exerce ſur la Nation entiere. Il n'eſt pas permis de mettre à mort le dernier des Citoyens, que ſon procès n'ait été envoyé au Conſeil de l'Empereur, & que l'Arrêt de mort n'ait été préſenté par trois fois au Souverain pour le ſigner ; tant l'amour paternel répugne à priver de la vie , même l'enfant le plus coupable. Un parricide eſt-il commis ? le dueil eſt général dans l'Empire ; les Tribunaux ſont fermés pendant pluſieurs jours ; la Nation conſternée croit voir , dans ce délit particulier, la rupture du lien de cette autorité paternelle, ſur la foi de laquelle elle repoſe.

Dans un Gouvernement mitigé tel que le nôtre , nos Rois ſont également les peres de leurs Peuples ; aucune Nation de la terre ne fut plus attachée à ſes Souverains : un attentat contre la perſonne du Roi eſt donc, relativement à nous, un attentat commis contre le pere de la Patrie. Cet attentat eſt plus énorme encore que le parricide , puiſqu'il prive des millions de Sujets de leur pere commun, & peut occaſionner les révolutions & les conſéquences les plus funeſtes. Nous

propoferions de le punir par des
peines plus féveres que celles que
nous avons indiquées pour le parricide, fi nous en connoiffions.

§. VI. *Du crime de lefe-Majefté
divine.*

*Honorons Dieu & ne le vengeons
pas*, a dit l'Auteur célebre de
l'Efprit des Loix. Il faut interpré-
ter ces paroles. Il n'appartient point
aux hommes, à ces atômes con-
fondus dans l'immenfité des êtres,
de s'ériger en vengeurs de la Divinité, ni de mefurer l'étendue des
offenfes qui lui font faites. Celui
qui tient dans fes mains le deftin
des Rois & des Peuples, fait répandre, quand il lui plaît, les récompenfes & les châtimens par des
voies qui nous font inconnues.
Mais la Religion tient à l'Etat, &
le Souverain doit empêcher qu'elle

ne foit troublée. Dieu punit l'impiété , mais le Souverain doit réprimer les troubles que cette impiété
peut caufer dans l'ordre focial.

Cependant un zele , trop indif-
cret dans ce genre , a dejà fait commettre bien des fautes.

Les magiciens & les forciers ont
été long-temps punis comme ennemis de Dieu , parce qu'ils étoient,
difoit-on, les favoris du Diable. Au
lieu de les brûler , il falloit les
regarder comme des infenfés ou
des intrigans qui faifoient des dupes ;
les vouer au ridicule ou au mépris
public. L'erreur a été enfin reconnue.

Nous devons envifager du même
œil ces êtres illuminés , ces efpeçes
de prédicans, ces faifeurs de mira-
cles , qui tentent encore quelquefois
de furprendre la crédulité publique.
Le Peuple eft naturellement fuperf-

titieux ; il mêle des idées religieufes à ces preftiges. Si vous puniffez avec févérité leurs auteurs, la fuperftition produit alors le fanatifme ; & le mal, en pareil cas, s'accroît toujours par la violence du remede.

L'héréfie a été mife au rang des crimes de lefe-Majefté divine : mais relativement à la Puiffance publique, il faut diftinguer deux chofes dans l'héréfie, la faction & l'opinion. La faction trouble l'Etat ; elle doit être réprimée par toutes les voies, dont un Souverain eft à portée de faire ufage pour le maintien de fa puiffance. Quant à l'opinion paifible, par la raifon qu'elle eft telle, elle ne trouble point l'Etat. Il feroit à defirer cependant que tous les Sujets d'une même Puiffance n'euffent qu'une même Loi & qu'un même dogme ; cette uniformité ne pourroit que raffermir de plus en plus le lien social. Nous dirons, dans un autre temps peut-être , par quels degrés infenfibles , & fans heurter de front la maffe réfiftante de tous les intérêts actuels, on pourroit parvenir à cette uniformité de Loi. Quant à celle de Religion, il y a plus de difficultés. Enchaînerons-nous des hérétiques pour les traîner aux pieds de nos autels ? Dieu ne fera point honoré de leur culte , & nous fcandaliferons nos freres. Les attirerons-nous par l'intérêt ? il peut faire des hypocrites, mais jamais de vrais croyans. Les effrayerons nous par des fupplices ? la foi eft un don du Ciel, & des Bourreaux ne font pas les Miniftres de Dieu. Ne pouvant les convertir , faudra-t-il les exterminer ? ah ! fouvenir affreux ! la plaie faite à l'humanité dans le feizieme fiecle , faigne encore. Combattons-les cependant,

G 6

mais avec les seules armes que notre Religion sainte a mises dans nos mains ; prouvons-leur la supériorité de notre dogme par celle de nos vertus ; & subjuguons leur incrédulité par l'ascendant d'un grand exemple.

Les blasphémateurs sont criminels de lese-Majesté divine : mais que doit-on entendre par blasphéme ? ce ne seront pas sans doute ces juremens, qui ne présentent aucun sens, aucune intention d'offenser Dieu ; que le Peuple grossier emploie quelquefois dans des mouvemens d'impatience, & pour lesquels néanmoins une Ordonnance de Philippe Auguste de 1181 avoit condamné les Nobles à un amende, & les Roturiers à être noyés.

Le véritable blasphémateur seroit celui qui vomiroit des exécrations contre Dieu, qui insulteroit à sa providence & à ſes décrets ; ou qui, fermant les yeux ſur les merveilles de la création , attribueroit au haſard aveugle , l'ouvrage de la ſuprême intelligence. Voilà le blaſphême qu'il eſt important de punir , car un pareil crime attaque directement la Majeſté de Dieu ; il tendroit d'ailleurs à enlever au vice, le ſeul frein qu'il puiſſe avoir dans le ſecret, la crainte des vengeances divines. Il tendroit à enlever , à la Juſtice humaine, la reſſource de ſe décider par la religion du ſerment ſur des faits qu'il lui importe de connoître, & qui ne peuvent être prouvés ni par témoins ni par écrit,

TROISIEME PARTIE.

De l'Instruction.

Nous avons déja annoncé qu'en France l'instruction sembloit préparée pour le succès de l'accusation, & en Angleterre pour la décharge de l'accusé ; que la premiere étoit très-rigoureuse & de nature à compromettre les intérêts de l'innocence ; que la seconde étoit très-douce, & qu'elle pouvoit exposer les intérêts de l'ordre social, par les facilités qu'elle présentoit pour échapper à la conviction des crimes qui le troublent. Nous allons donner les preuves de ces vérités.

Supposons que parmi nous un Citoyen ait un dangereux ennemi, capable de le vouloir perdre par l'ac-

cufation calomnieufe d'un crime capital , & voyons fous ce premier
point de vue dans quelle gêne af-
freufe va fe trouver cet innocent,
d'après notre Ordonnance de 1670,
Loi générale du Royaume; combien
il éprouvera de difficultés pour établir fa juftification.

D'abord fon ennemi le dénonce
fous le fecret au Miniftere public :
il ne peut connoître fon dénonciateur ; il ne peut par conféquent indiquer, ni demander à conftater le
principe de la vexation.

Le Miniftere public n'ayant pas
connoiffance par lui-même des circonftances du crime qui lui eft dénoncé & des témoins qui font à portée d'en dépofer , ne manque pas
de produire ceux que le dénonciateur lui préfente; & ce dénonciateur
ne préfente que des gens dont il
croit être sûr ; il dépofe lui-même

pour le fuccès de fa dénonciation ; notre Ordonnance criminelle ne le défend pas. Les témoins choifis par le dénonciateur peuvent d'autant plus aifément adopter fes impreffions, qu'ils font entendus dans le plus grand fecret par un feul Juge en préfence de fon Greffier, & fans crainte d'être contredits : ce Juge unique peut être aifément prévenu ou quelquefois corrompu, & fa difpofition peut entraîner dès le premier pas la perte de l'accufé.

Sur l'information, celui-ci eft décrété, conduit en prifon avec fcandale (1), mis aux fers, & quelquefois jetté dans un cachot affreux, où il eft nourri au pain & à l'eau, & couché fur la paille (2), fans pouvoir communiquer avec qui que ce

---

(1) Art. 17 du tit. 10 de l'Ordonn. de 1670.
(2) Art. 25 du tit. 13.

foit par lettre ou autrement (1). Il eft tiré du cachot pour fubir fon interrogatoire, fans favoir un mot de ce dont on l'accufe : il paroît feul, il lui eft expreffément défendu de fe faire affifter d'un confeil (2) ; de forte que dans une fituation capable d'effrayer l'innocence même, il faut qu'il fe rappelle fur - le - champ tout ce qui peut être relatif à l'accufation que le Juge lui laiffe entrevoir ; car il ne lui donne pas même lecture de la plainte. Ce Juge, qui connoît les informations, preffe l'accufé fur les faits les plus importans qu'elles lui préfentent : d'accord avec la Loi qui le préfume coupable, il cherche à lui arracher l'aveu du crime qu'on lui impute : il lui fait des interrogations captieufes ; il

------

(1) Art. 17 du tit. 13.
(2) Art. 8 du tit. 14.

fuppofe quelquefois prouvé par des dépofitions concordantes, ce qui ne l'eft point; il intimide ainfi l'accufé, qui fent croître à chaque inftant fon embarras. Cet interrogatoire même fubi , il ne lui eft pas permis de conférer avec qui que ce foit, fi la pourfuite a pour objet un crime qui mérite la mort (1) : de forte que plus fes dangers font grands , & moins la Loi lui donne de facilités pour fe juftifier.

Après le réglement à l'extraordinaire , on procede au récolement des témoins ; il eft rare que ces témoins récolés dans la même forme qu'ils ont dépofé , changent rien à leurs dépofitions.

A la formalité du récolement fuccede celle de la confrontation. Les témoins, toujours dans le fecret du

____

(1) Art. 9 du tit. 14.

Greffe, & vis-à-vis d'un seul Juge,
sont présentés à l'accusé les uns
après les autres. Jusqu'alors il n'a
pas même su leurs noms; il les voit
en ce moment pour la premiere
fois : c'est dans ce premier moment,
& avant qu'on lui donne lecture de
leurs dépositions, qu'il doit fournir
ses reproches. Malheur à lui s'il ne
se rappelle pas, ou s'il ignore toutes les circonstances qui peuvent
rendre ces témoins reprochables;
après la lecture de leurs dépofitions, cette faculté lui est inter-
dite (1). La Loi regarde comme
imposture, le reproche qui n'est pas
fourni dans le premier instant.

L'accusé, dans les confrontations,
n'a pas le droit d'interpeller lui-
même les témoins pour combattre
leur témoignage; il peut seulement

____

(1) Art. 19 du tit. 15.

requérir le Juge de les interpeller (1). L'Ordonnance laiſſe à l'arbitrage de ce Juge la confrontation : elle n'eſt ordonnée que ſi beſoin eſt (2) ; & dans l'uſage il ne
confronte que les témoins qui lui
paroiſſent les plus propres à faire
réuſſir l'accuſation : ceux qui ne chargent point l'accuſé, & qui pourroient
même s'expliquer à ſa décharge, ne
lui ſont pas préſentés. Les témoins
qui le chargent ſont avertis par la
Loi de perſiſter dans leurs dépoſitions, ſous peine d'être punis comme faux témoins (3).

Pendant tout le cours de cette
procédure, il n'eſt pas permis à l'accuſé de prouver aucun fait tendant
à ſa juſtification ; ce n'eſt qu'après

____

(1) Art. 22 du tit. 15.
2) Art. 1ᵉʳ du tit. 15.
(3) Art. 11 du tit. 15.

avoir épuifé les reffources pour ac-
cumuler les preuves, qu'on l'admet
enfin à proposer ce que nous appellons fes faits juftificatifs (1) : mais
il ne peut les prendre que dans fes
interrogatoires & confrontations (2),
dont on lui refufe néanmoins toute
communication. S'il ne fe rappelle
pas bien ce qu'il a dit , s'il n'a pas
connu alors tous les faits relatifs à
fa défenfe, ou s'il a omis de les oppofer dans le trouble que compor-
toit fa fituation ; cette ignorance ,
ce défaut de mémoire ou de préfence d'efprit , peuvent lui coûter
la vie.

L'accufé eft-il affez heureux pour
être admis à la preuve de fes faits
juftificatifs ? il faut qu'à l'inftant où
lecture lui eft donnée du jugement

____

qui l'admet, il indique les témoins qu'il veut faire entendre (1) ; car on le traite toujours en coupable, auquel on fait grace en l'écoutant. S'il ne profite pas de ce premier moment, il est déchu sans retour ; & si ses témoins ne font pas en nombre suffisant, ou ne déposent pas de faits assez précis pour balancer les dépositions des témoins de l'accusateur, sa perte est consommée.

Telle est cette procédure, qui a déja excité bien des réclamations en faveur de l'humanité ; qui a plus d'une fois occasionné des méprises fatales, & souvent compromis les intéréts de l'innocence (2).

____

(1) Art. 4 du tit. 18.

(2) Rendons hommage à la mémoire de M. le Préfident de Lamoignon. Si l'opinion de ce fage Magiftrat l'avoit emporté dans les conférences tenues pour la rédaction de cette Loi, elle eût été beaucoup moins dure.

Apprécions maintenant la maniere dont l'inftruction fe fait en Angleterre ; nous verrons que nos voifins, qui ne nous aiment pas, parce que nous les forçons à nous eftimer, ont affecté de ne nous pas reffembler en ce point comme en bien d'autres, & ont donné dans un défaut contraire ; en ce que leur inftruction procure au coupable beaucoup de facilité pour échapper à la conviction & à la peine.

Lorfqu'une perfonne eft accufée en Angleterre (1), le Juge de Paix expédie un ordre pour la faire amener devant lui. Si, après l'avoir entendue, il juge fur les réponfes & fur les informations fommaires par lui prifes, qu'il n'y a pas matiere

____

(1) Voyez le Commentaire fur le Code criminel d'Angleterre par Blackftone, traduit par M. l'Abbé Coyer.

à la foupçonner coupable, il la ren-
voie ; s'il préfume le contraire, il
laiffe l'accufé en liberté, en donnant
par lui caution de comparoître quand
il en fera fommé ; à moins qu'il ne
s'agiffe d'un crime capital, auquel
cas l'accufé eft envoyé en prifon.

Ainfi il dépend d'un feul homme
de renvoyer l'accufé fans reftriction,
& d'après l'efpece de preffentiment
qu'il fe procure.

L'accufé eft-il emprifonné ? c'eft
alors que l'inftruction commence à
recevoir une forme juridique. Il fe
tient dans chaque Comté une affemblée compofée des perfonnages les
plus importans du diftrict, & que
l'on nomme les grands Jurés : cette
Affemblée décide fi l'accufation in-
tentée contre un Citoyen de fon ter-
ritoire eft recevable ou non ; elle peut
par conféquent la rejetter dès le premier pas. Mais pour que l'accufation
soit

ſoit admiſe, il faut le concours de douze ſuffrages abſolument unanimes.

L'accuſation reçue, le Préſident de l'Aſſemblée indique quarante-huit perſonnes du Comté, dans leſquelles on en choiſit douze pour former celle des petits Jurés ; ce ſont les pairs & les égaux de l'accuſé : ce ſont eux qui doivent décider le point de ſavoir ſi l'accuſé, leur égal, & qui peut devenir leur Juge à ſon tour, s'eſt rendu coupable ou non du délit qui lui eſt imputé.

Mais combien cet accuſé n'a-t-il point encore ici de reſſources pour obtenir que l'aſſemblée de Jurés, qui doit le juger, ſoit compoſée d'une maniere ſatisfaiſante pour lui. Sur les quarante-huit perſonnes indiquées, il peut d'abord en récuſer vingt ſans donner aucune raiſon de ſon refus, privilege que n'a pas le Roi même accuſateur. Il peut encore en

H

récufer d'autres pour des raifons prifes dans la Loi.

Lorfque cette affemblée de Jurés
eft enfin formée, & qu'ils ont prêté
ferment au nombre de douze, l'accufateur produit les preuves de fon
accufation, & fait entendre fes témoins publiquement en préfence de
l'accufé : fi ce dernier s'avoue coupable, il eft averti fur-le-champ de
rétracter cet aveu, & de plaider contre
l'accufation. Affifté de fon confeil,
il peut non-feulement reprocher les
témoins de l'accufateur, mais même
leur faire telle interpellation qu'il
juge à propos ; il peut à l'inftant produire les fiens, qui font auffi publiquement entendus , pour balancer
ou pour détruire les témoignages
oppofés. Ainfi, dès le premier pas,
l'accufation eft connue , la procédure eft toute publique; l'accufé eft
mis à portée de concerter fa défenfe

de la maniere la plus avantageufe pour lui , & de parer les coups qu'on veut lui porter.

L'affaire difcutée de la forte en préfence des Jurés & du Magiftrat qui les préfide, ce dernier fait le réfumé des moyens refpectifs ; il établit la queftion, les points de fait fur lefquels les Jurés doivent donner leur opinion. Les Jurés fe retirent enfuite dans une chambre voifine, où ils reftent quelquefois très - long-temps fans prendre aucuns alimens, à moins que le Juge ne le leur permette. Ils ne fe féparent que lorf-qu'ils font parvenus à former une opinion unanime, s'il s'agit de con-damnation capitale ; car c'eft de l'u-nanimité que la Loi la fait dépendre (1).

____

(1) Ici s'applique un trait qui mérite qu'on le rapporte.

Un habitant de Londres eft affaffiné la

On sent aisément combien il est
difficile de parvenir à cette unanimité

---

nuit, sortant d'une maison; son corps nâge
dans le sang, & l'assassin a laissé près de lui
l'arme qui a porté le coup mortel. Un homme
passe de ce côté; l'obstacle qu'il trouve sous
ses pieds le renverse: il s'apperçoit qu'il est
sur un cadavre, à côté duquel il découvre
une arme blanche; il croit que ce canton est
infesté d'assassins, il se saisit de l'arme pour
se défendre s'il est attaqué, & s'enfuit. A
quelques pas de-là, la Garde l'arrête, & bientôt découvre le cadavre. Il est dénoncé comme
coupable de ce meurtre; ses Pairs s'assem-
blent pour le juger. Son habit teint de sang,
l'arme dont il a été trouvé saisi à peu de
distance du cadavre, l'état de la blessure qui
se concilie avec la nature de l'arme, semblent porter la preuve au degré de la dé-
monstration. Tous, à l'exception d'un seul,
sont d'avis qu'il est coupable de meurtre. La
résistance de ce seul homme tient pendant
long-temps l'Assemblée en suspens; il garde
un morne silence. Pressé par les reproches les
plus vifs sur l'absurdité de cette résistance, il

de condamnation dans une assemblée composée des égaux de l'accusé, & qu'il a lui-même choisis dans un plus grand nombre.

Si les Jurés sont d'avis que l'accusé n'est point coupable, cette opinion fût-elle erronée, il est renvoyé sans pouvoir désormais être recherché pour le même crime, & le jugement est irrévocable ; si leur opinion le décide coupable, au contraire, le Juge déclare encourue la

____

s'écrie enfin : .... Insensés ! vous sacrifiez un innocent, quand vous avez parmi vous le coupable ; c'est moi qui ai commis le meurtre, & vous voulez que je charge un autre de mon forfait ; si la vengeance a égaré mon bras, c'est à ma probité de vous éclairer lorsque vous vous égarez vous-mêmes...... Toute l'Assemblée saisie d'étonnement & d'admiration embrassa l'assassin, demanda sa grace & l'obtint.... Ici la loi de l'unanimité sauva l'innocent ; mais combien de fois aussi n'a-t-elle pas sauvé le coupable !

peine portée par la Loi : mais si le jugement des Jurés est notoirement injuste , il est cassé sur pourfuite, qui s'exerce au nom du Roi.

D'après les ménagemens recherchés dont on use en Angleterre vis-à-vis des accusés , & les ressources qu'une pareille instruction leur offre, on ne peut se dissimuler que le crime ne trouve, dans ces ressources, des facilités pour échapper à la peine.

Ainsi l'instruction criminelle en Angleterre est vicieuse, en ce qu'elle porte la déférence pour les droits de l'homme, au point de nuire aux intérêts de l'ordre social.

L'instruction criminelle parmi nous est également vicieuse, & par une raison contraire, en ce que par excès de zele pour les intérêts de la Société , elle compromet trop évidemment les droits de l'homme.

Nous l'avons déja dit, la perfection de la Loi dans cette matiere confiste à établir un parfait équilibre entre les égards dus à l'homme & la protection due à la Société.

Ne seroit-il donc pas possible, pour opérer cet équilibre, de modérer ces deux genres d'instruction l'un par l'autre ; de trouver un milieu juste & raisonnable, au moyen duquel, sans adopter de notre part, des usages non-conciliables avec la forme de notre Gouvernement, nous tempérerions la rigueur de notre instruction, en assurant la justification de l'innocence, sans nuire à la conviction du crime ?

Tel sera l'objet des réflexions que nous allons faire sur les principaux actes de notre procédure extraordinaire.

CHAPITRE PREMIER.

De la Dénonciation & de la Plainte.

C'EST une sublime inftitution qui manquoit à la Légiflation Romaine, que celle d'un miniftere chargé de pourfuivre, au nom de l'Etat, la réparation des torts faits à l'ordre focial. Le Magiftrat qui exerce cet important miniftere peut agir feul, quand il exifte un corps de délit , dont la fureté publique exige qu'on découvre & qu'on puniffe l'auteur.

Quelquefois auffi fon miniftere eft provoqué par des dénonciations qui lui font faites. Il faut en diftinguer de deux fortes : les unes faites par les perfonnes qui ont fouffert du délit qu'elles lui dénoncent ; les autres par des gens auxquels le délit dénoncé n'a fait perfonnellement aucun tort.

Quant à la premiere efpece de dé-nonciation, il exifte un ufage abufif dans quelques-uns de nos Tribunaux. La partie qui fe prétend léfée, fait une déclaration chez un Commif-faire, qui contient l'énonciation du délit; elle porte au Greffe une ex-pédition de cette déclaration, fur laquelle elle obtient un réquifitoire du miniftere public contenant plainte, & fur ce réquifitoire, permiffion d'in-former. Ce détour a communément deux objets; l'un de. s'affranchir, par la partie provoquante, des frais de l'inftruction, & de les faire tom-ber fur le domaine du Roi; l'autre de fe faire entendre .comme témoin pour appuyer fa dénonciation clan-deftine.

Ce procédé n'eft pas loyal; il tend à compromettre l'accufé. Si la partie n'eſt point perſonnellement en état de fournir aux frais de l'inſtruction, qu'elle le déclare dans ſa dénonciation même; la pourſuite n'en doit pas moins être faite, ſi ce n'eſt à ſa requête, du moins à celle du miniſtere public, quand le délit eſt un de ceux qu'il importe à l'ordre ſocial de réprimer. Que la dénonciation dans ce cas ſoit jointe à la plainte, mais que celui qui a fait une dénonciation de ce genre ne ſoit point admis à dépoſer comme témoin; car quoiqu'il ne ſoit point en nom dans la pourſuite, il eſt véritablement accuſateur. Il n'a accuſé que pour venir demander dans l'inſtruction ſes réparations civiles: or il eſt contre toute regle qu'un accuſateur intéreſſé comme il l'eſt au ſuccès de ſon accuſation, ſoit admis à la juſtifier par ſon témoignage.

Quant aux dénonciations faites par

les perſonnes qui n'ont pas perſonnellement ſouffert du délit qu'elles
déferent, comme ſi un homme prétend avoir vu tel ou tel individu
aſſaſſiner telle ou telle perſonne; de
pareilles dénonciations ne ſont favorables qu'autant qu'elles ont véritablement le bien public & la ſûreté
du corps ſocial pour objet: mais on
a vu quelquefois la haine & l'eſprit
de vengeance ſe maſquer ſous les
dehors empruntés de ce zele pour
le bien public.

La Juſtice ne doit pas être ſans
quelque défiance ſur une dénonciation pareille; le miniſtere public qui
la reçoit doit la faire ſigner par le
dénonciateur, ſuivant l'art. 6 du tit.
3 de l'Ordonnance de 1670. Le dénonciateur ſera entendu comme témoin dans l'inſtruction , puiſqu'il
s'eſt annoncé comme partie déſinté-
reſſée , qu'il eſt poſſible qu'il le ſoit

H 6

réellement , & qu'il peut procurer dans ce cas des lumières importantes à la Juſtice. Cependant ſa dépoſition ne doit pas avoir la même force que celle d'un autre témoin ; & s'il n'y avoit que deux témoins, le dénonciateur compris , qui dépoſaſſent avoir vu commettre le crime par l'accuſé, il faudroit alors regarder la preuve comme inſuffiſante pour opérer ſa condamnation. Notre code pénal ne s'explique point ſur ces objets, qui ont néanmoins de l'importance.

CHAPITRE II.

De l'Information.

L'INFORMATION confiste dans l'audition des témoins préfentés par l'accufateur. C'eft d'après le langage de ces témoins, que les Juges abfolvent ou condamnent. On ne peut donc apporter trop de précautions pour l'exactitude d'un pareil acte.

Cependant avec quelle légéreté fouvent on y procede I des témoins dépofent dans le fecret d'un Greffe ou d'un cabinet, en préfence d'un feul Juge; ils apportent même quelquefois leurs dépofitions par écrit.

Confervons de nos ufages ce qui peut être utile, mais réprimons les abus. Nous fommes loin d'adopter l'opinion des Jurifconfultes Anglois fur la publicité de l'inftruction dès les premiers pas. Le fecret doit être obfervé tant que les preuves ne font point encore affifes : car fi l'accufa- tion & la procédure devenoient pu- bliques au premier inftant, l'accufé qui en feroit inftruit, foit par lui, foit par les fiens, pourroit dérober quelquefois les traces de fon crime, & rendre la recherche infructueufe.

Mais il faut que ces témoins qui dépofent en fecret dans l'infor- mation, fachent que le moment vien- dra où, dans une audience publique à laquelle ils feront forcés de com- paroître, on lira devant eux leurs dépofitions, où ils pourront être reprochés publiquement par l'accufé s'ils font vraiment reprochables, & où ils feront obligés de répondre à fes interpellations : alors ils dépofe- ront comme s'ils étoient déja con- tenus par le refpect & la décence publics ; les intrigues d'une partie

civile ou d'un dénonciateur fecret
auront moins de prife fur eux, parce
qu'ils craindront davantage de fe
compromettre.

Nous croyons encore qu'il ne fuffit
pas, pour affurer la régularité d'une
procédure auffi importante, que les
témoins foient entendus par un feul
Juge. La tentative de la féduction
peut quelquefois réuffir vis-à-vis
d'un feul homme, exerçant en vertu
d'un office modique, ou d'une fimple
commiffion, & fouvent peu favorifé
de la fortune (1). Rappellons-nous
que la Loi ne donne aux Préfidiaux
la faculté de ftatuer fouverainement
qu'avec le concours de fept Juges,

____

(1) En Sardaigne, lorfque le Juge reçoit
les dépofitions des témoins, & lors même
qu'il interroge l'accufé, il eft affifté du Pro-
cureur ou de l'Avocat du Fifc, qui figne ces
actes avec le Juge. *Voy. art.* 1, *tit.* 4, *liv.* 4
des Conflitut. de 1770.

même fur l'objet d'intérêt le plus léger ; comment donc a - t - elle pu vouloir confier à un feul Juge une inftruction d'où dépendent l'honneur, l'état & la vie des Citoyens ? car enfin, n'eft-ce pas cette inftruction qui forme la bafe des jugemens dans tous nos Tribunaux ?

Nous propoferons donc le concours de trois Officiers , ou d'un Juge & de deux Gradués, pour recevoir les dépofitions des témoins. Si les Seigneurs qui font exercer la juftice dans leurs terres , trouvoient qu'il fût difficile de remplir cette formalité par la difette de fujets capables , leur Juge pourroit appeller deux Gradués des environs. C'eft à eux d'ailleurs de prendre les précautions néceffaires pour que leur Jurifdiction foit fuffifamment pourvue d'Officiers : le droit de Juftice , ce droit qui forme effentiellement partie

de la Puiſſance publique, deviendroit
fatal à l'humanité, ſi, placé dans des
mains étrangeres à cette puiſſance,
il étoit exercé de maniere à compromettre l'honneur & la vie des hommes.

CHAPITRE LII.

Des Décrets.

LE décret eft l'acte décerné par le Juge contre celui fur lequel portent les charges contenues en l'information. C'eft cet acte qui rend l'accufé partie dans l'inftruction, en le conftituant défendeur à la pourfuite. Nous en diftinguons de trois fortes : le decret d'affigné pour être ouï, qui fe décerne en matiere légere ; celui d'ajournement perfonnel, en matiere plus grave ; & celui de prife-de-corps, quand le crime qui forme l'objet de l'accufation mérite une peine afflictive ou infamante.

A l'égard du décret d'affigné pour être ouï, il n'a d'autre objet que d'obliger l'accufé à comparoître devant le Juge, pour répondre aux

interpellations qui lui feront faites ;
il ne porte aucune atteinte à fon
état.

Il n'en eft pas de même du décret d'ajournement perfonnel ; dans
nos ufages il emporte de droit, interdiction de toute fonction publique. Pourquoi cette rigueur exceffive ? pourquoi préjuger un Officier
public coupable, auffi-tôt pour ainfi
dire qu'il eft accufé ? Si l'information déja faite contient quelques
charges apparentes, doit-on le priver des fonctions de fon état, & le
condamner ainfi au déshonneur ,
quand peut-être, par fes réponfes &
par fa défenfe , il lui fera facile de
détruire ces charges & de prouver
la calomnie ? Ne perdons jamais de
vue ce principe auffi précieux à la
Juftice qu'à l'humanité ; le danger
de flétrir un innocent ne peut être
mis en balance avec celui de l'in-

dulgence vis-à-vis d'un accusé non convaincu : en l'admettant à se défendre, nous supposons la possibilité qu'il ne soit pas coupable ; si nous supposons cette possibilité, pourquoi commençons-nous par le flétrir ?

Quant au décret de prise-de-corps, on le décerne assez légérement dans nos usages contre un accusé non domicilié, quand bien même le délit n'emporteroit que des condamnations pécuniaires, parce qu'on craint qu'il ne se dérobe à la poursuite ; & c'est dans cet esprit qu'il est dit par l'Ordonnance, que les décrets seront plus ou moins rigoureux, suivant les qualités des personnes & des crimes.

Mais au lieu de donner à un accusé, dans ce cas, l'humiliation d'un emprisonnement, nous pourrions admettre sans aucun risque l'usage

établi en Angleterre, de le laisser
en liberté, en donnant caution pour
la sûreté des condamnations pécuniaires qui peuvent intervenir contre lui.

A l'égard du décret de prise-de-
corps contre les domiciliés, l'Ordonnance, a sagement établi qu'il ne
devoit être décerné que dans le cas
où le délit mériteroit d'être puni
par des peines afflictives ou infa-
mantes. La rigueur, dans ce cas,
est justifiée par la nécessité dans laquelle se trouve la Justice de prévenir la fuite de l'accusé : ce n'est
pas préjuger qu'il est coupable ; c'est
prendre une précaution nécessaire
dans la possibilité qu'il le soit. Mais
pourquoi l'Ordonnance détruit-elle
en quelque sorte la pureté de ce
principe, en condamnant les ménagemens avec lesquels quelques accusés alors étoient conduits dans les

prifons ? *Défendons* ,porte l'article 17
du titre 10, *à tous Juges , même des*
Officialités , d'ordonner qu'aucune Par-
tie foit amenée fans fcandale.

CHAPITRE IV.

De la Prison.

Si, comme on vient de l'obferver, la prifon dans le cas du décret, n'eft qu'un lieu de dépôt néceffaire pour l'accufé d'un crime grave, mais qui peut être innocent, pourquoi faire de cette prifon un lieu de peine & de fupplice ? Prenons des précautions fages pour que les accufés y foient en fûreté, pour qu'ils ne puiffent même communiquer avec qui que ce foit, auparavant leur interrogatoire, dans des circonftances où la gravité de l'accufation femble exiger ce fecret. Mais pourquoi les précipiter dans le fond d'un cachot les fers aux pieds, & défendre aux Guichetiers de les en tirer fans ordonnance du Juge, fuivant l'art. 18 du

tit. 13 ? Pourquoi, ſuivant l'art. 25
du même titre, ne preſcrire pour
leur nourriture que du pain & de
l'eau, & de la paille pour les cou-
cher ?

Les peines qui réſultent d'un trai-
tement pareil ſont tyranniques ſous
deux rapports : 1°. parce qu'il n'eſt
point encore établi que l'accuſé mérite de ſubir aucune peine; 2°. parce
que ces ſortes de peines ſont ſecre-
tes, & par conſéquent perdues pour
le Public; & que s'il eſt permis de
faire ſouffrir un coupable, ce n'eſt
qu'autant que ſes ſouffrances peuvent faire ſur la multitude cette impreſſion mêlée de l'horreur du crime
& de la crainte de ſon châtiment.

Le Légiſlateur vient de jeter un
regard de commiſération ſur ces
aſyles infeſts, où l'homme eſt puni
ayant que d'être jugé, où l'innocent
endure les tourmens dus au coupable;

pable, & les réformes qu'il prescrit
semblent en annoncer de plus importantes encore.

Plus ces asyles peuvent recéler
de criminels, & plus le ministere de
la Religion devroit y être exercé
d'une maniere imposante. Il conviendroit qu'il y eût des exhorta-
tions faites deux ou trois fois la se-
maine aux Prisonniers assemblés, par
un Ministre éclairé réunissant le zele
au talent, amollissant les cœurs
durs & pervers, les forçant au re-
pentir, & donnant des consolations
à l'innocence malheureusement soup-
çonnée.

CHAPITRE V.

De l'Interrogatoire.

APRÈS l'emprisonnement d'un accusé, le Juge lui fait subir interrogatoire. Plusieurs choses sont à remarquer ici.

1°. Dans l'usage, l'accusé, à qui l'on signifie son décret de prise-de-corps, au moment où on le prive de sa liberté, n'est point instruit par le décret de l'objet de l'accusation. Qu'on juge de l'embarras où il se trouve pour répondre, sans être prévenu sur rien, à toutes les questions que le Juge lui fait. L'innocent lui-même, dans une position pareille, ne peut-il pas avoir l'air d'un coupable ? Par quel effort de mémoire pourroit-il en effet avoir tout-à-coup présentes à l'esprit toutes les époques, toutes les circonſtances qui ſont relatives aux interpella- tions du Juge? ce dernier ne lui donne pas même lecture de la plain- te; de ſorte que l'accuſé, flottant & incertain ſur le point eſſentiel de la recherche, eſt quelquefois lui - même hors d'état de ſavoir ſi ce qu'il dit, lui eſt avantageux ou contraire.

L'humanité ſemble exiger au-moins que le décret, ſignifié à l'accuſé à l'inſtant de ſon empriſonnement, contienne les cauſes de l'accuſation, afin que ſon attention puiſſe ſe re- cueillir ſur ces cauſes auparavant ſon interrogatoire. Cet acte d'hu- manité ne compromet pas l'exacte juſtice ; puiſque l'accuſé, tenu en ſecret juſqu'à ce qu'il ait ſubi ſon interrogatoire, ne peut rien com- muniquer à ſes agens ou conſeils du peu de lumieres qu'on lui donne, ni rien faire exécuter de contrairè à la recherche du crime qui lui eſt imputé. Avant que de l'interroger, il faut encore lui donner leĉture entiere de la plainte, car c'eſt ſur les faits de cette plaihte qu'il doit répondre ; & la Juſtice, certaine-ment, ne doit pas avoir pour objet de le ſurprendre.

2°. On commence par faire prêter ſerment à l'accuſé : mais a-t-on aſſez ſérieuſement refléchi ſur les incon-véniens de cet uſage ? Si l'accuſé eſt coupable, n'eſt-ce pas exiger de lui un parjure ? car il eſt plus que probable que, pour Te ſouſtraire à la peine, il mentira à la Juſtice. Pourquoi le forcer, en quelque ſorte, à ajouter ce crime à ceux pour leſquels ils eſt pourſuivi ?

Ne ſeroit-il pas plus convenable de lui demander s'il veut ou non prêter ſerment ? S'il eſt innocent, il

ne manquera pas de l'offrir lui-
même avec la plus grande confiance
pour appuyer fes affertions ; s'il eft
coupable, il pourra le prêter, voulant paroître innocent. Mais enfin
le Juge, dans ce cas, n'aura point
à fe reprocher de l'avoir contraint
à devenir plus coupable encore par
un parjure (1).

3°. La maniere dont un Juge fe
permet d'interroger un accufé eft
fouvent infidieufe ; il ne prend que
trop aifément l'efprit d'une Loi très-
rigoureufe, qui préfume le crime fur

____

(1) Suivant les Conftitutions de Sardaigne,
l'accufé n'eft point tenu de prêter ferment fur
les faits qui lui font perfonnels, mais feulement fur le fait d'autrui. Art. 8 du tit. 11,
liv. 4. Mais le Code de l'Inquifition oblige
l'accufé à jurer qu'il va dire la vérité, fur les
faits qui lui font perfonnels : malheureufe-
ment il exifte plus d'un rapport entre notre
procédure & celle des Inquifiteurs.

I 3

l'accufation même. Pour arracher de l'accufé l'aveu du délit qu'on lui impute, il lui préfente quelquefois, comme prouvé, ce qui ne l'eft pas : mais il eft au-deffous de la dignité du Juge de fe permettre le plus léger menfonge, même pour parvenir à la découverte d'une importante vérité. Le Juge, qui interroge, doit adopter le doute méthodique d'un de nos plus grands Philofophes (1) ; il doit fe dire à lui-même : *Cet homme peut être innocent comme il peut être coupable ; mon miniftere fe borne à la recherche de l'exacte verité* (2).

4°. Dans nos ufages, un feul Juge fait cet interrogatoire, affifté

---

(1) Defcartes.

(1) Ce ne font pas là, à la vérité, les maximes des Inquifiteurs, qui emploient la rufe & le menfonge pour arracher un aveu de l'accufé. Voy. *Directorium Inquifitorum*, par Nicolas Eymeric, IIIe. Partie.

de son Greffier, de même qu'il procede seul à l'audition des témoins.
Les mêmes raisons, que nous avons
présentées sur l'objet de l'information, s'appliquent ici. L'interrogatoire, qu'on fait subir à un accusé, est
un acte de la plus grande importance pour son honneur, son état,
& souvent pour sa vie. Seroit-ce
donc trop exiger, que d'ordonner
qu'un pareil acte soit fait, par le
Juge, en présence de deux Officiers
du Siege, ou de deux Gradués, pour
mieux assurer la régularité de la rédaction ? car, indépendamment des
autres inconvéniens, il est, dans
l'expression, des nuances quelquefois
imperceptibles pour un accusé qui
sait mal sa langue, & qui néanmoins
pourroient être de la plus grande
importance pour ou contre lui (1).

____

(1) Les Constitutions de Sardaigne, pour

5°. L'Ordonnance veut que l'accusé réponde sans assistance d'aucun conseil : cette disposition doit être conservée. Le Juge devant présenter chaque fait avec simplicité, il n'est en quelque sorte question que de répondre par oui ou par non ; & quand il ne faut qu'être vrai, celui que l'on interroge ainsi, n'a nul besoin de conseil pour convenir ou disconvenir d'un fait qui lui est ou non personnel. Mais cet interrogatoire une fois subi, les choses doivent changer de face, & l'instruction doit recevoir une autre forme : c'est ce qu'on va voir dans le Chapitre suivant.

---

prévenir les moindres altérations, veulent que les réponses de l'accusé soient rédigées à la première personne, & telles qu'elles sont rendues pour lui. Par exemple : *Je nie que...* *Je conviens que.....* Art. 10, tit. 11, liv. 4.

CHAPITRE VI.

De la Civilisation & du Réglement à l'extraordinaire.

APRÈS l'information & l'interrogatoire, le Juge est à portée de voir si, par la nature des charges & par celle du délit, la contestation est dans le cas d'être civilisée ; ou s'il faut, au contraire, ajouter à l'instruction déjà faite, ce critere également utile à la conviction du crime & à la justification de l'innocence, cette épreuve rigoureuse que l'on appelle confrontation.

Il faut ordonner la continuation de la procédure extraordinaire, toutes les fois que le chef d'accusation, en supposant que les preuves se soutiennent, doit opérer la peine de mort, ou au-moins une peine

I 5.

vraiment afflictive ; & les peines vraiment afflictives, d'après le plan que nous avons tracé, font 1°. la prifon pour plufieurs années ou à perpétuité ; 2°. l'interdiction pénale contre un Citoyen, celle contre un Juge même pour un temps, celle contre un Officier fubalterne à perpétuité ; 3°. la déportation dans les Colonies, foit à temps, foit à perpétuité ; 4°. les amendes équivalentes au quart des biens des accufés ; 5°. la condamnation aux travaux publics, foit à temps, foit à perpétuité ; 6°. la dégradation de Nobleffe, l'incapacité prononcée de fervir le Roi & l'Etat dans aucuns emplois ou offices.

Si le délit eft de nature à devoir être puni par des peines plus légeres, le Juge pourra civilifer l'affaire en renvoyant les parties à l'audience, & en ordonnant la converfion des

informations en enquêtes : alors l'accufé, auquel les informations feront
communiquées, pourra , fi bon lui
femble , reprocher les témoins reprochables , & demander à faire preuves contraires aux faits contenus
dans la plainte; il aura par conféquent
toutes facilités pour fa défenfe.

Mais fi le délit eft affez grave pour
que l'affaire mérite d'être fuivie à
l'extraordinaire , fera-ce une raifon
pour les lui refufer ? La Loi ne lui
mettra-t elle les armes à la main , que
quand il fera queftion de défendre un
intérêt léger ? lui liera-t-elle les mains
au contraire , quand il s'agira de défendre fon honneur & fa vie ?

Jufqu'au réglement à l'extraordinaire, la procédure a été faite dans
le plus grand fecret : l'accufateur a
eu tout le temps d'affeoir fes preuves
autant qu'elles ont pu l'être ; &
l'accufé, tenu dans les liens les plus

étróits, fans communication, fans conſeil, n'a pu dérober la marche de fon crime, s'il eſt vraiment coupable.

Mais après avoir permis à l'accuſateur d'employer toutes les reſſources dont il pouvoit avoir beſoin pour juſtifier fon accuſation, il faut donner à l'accuſé toutes les facilités néceſſaires pour juſtifier fon innocence, s'il n'eſt pas coupable. Ce n'eſt qu'ainſi qu'on peut tenir dans une forte d'équilibre la protection due à l'intérêt focial dont on s'eſt occupé d'abord, & les égards dus à l'homme qu'on doit craindre de compromettre.

A partir de ce moment, il convient donc que l'inſtruction devienne publique, & que ces témoins obſcurément conduits par l'accuſateur dans le prétoire, viennent en pleine audience confirmer, modifier ou rétracter leur témoignage. L'inſtruction devenant chargée par une mul-

titude de dépofitions qu'il faut inter-
préter, apprécier & combattre, c'eft
alors qu'il doit être permis à l'accufé
de fe faire affifter d'un confeil, pour
ne rien négliger dans une défenfe
auffi importante (1).

Ainfi, le jugement qui contien-
tiendra le réglement à l'extraordinaire, doit ordonner qu'il fera donné
copie à l'accufé de la plainte & des
noms & qualités des témoins qui ont
dépofé, pour en venir à une audience
prochaine avec l'accufé, affifté de
fon confeil, s'il juge à propos, &
pour être par lui reprochés fi bon lui
femble, récolés dans leurs dépofitions & confrontés avec lui.

Obfervons que le délai fixé pour

____

(1) Les Conftitutions de Sardaigne donnent à l'accufé un confeil après qu'il a fubi
fon interrogatoire; mais l'inftruction demeure
toujours fecrette pour le Public.

cetto épreuve doit être au-moins
de quelques jours à partir de la figni-
fication faite à l'accufé des noms &
qualités des témoins, afin qu'il puiffe
fe faire inftruire des raifons pour lefquelles ils feroient reprochables.
L'ordonnance exige (1) que l'accufé
qui ignore tout jufqu'au moment
de la confrontation, & à qui les témoins font préfentés alors pour la
premiere fois, fourniffe néanmoins
fes reproches fut-le-champ, finon
qu'il en foit déchu; mais n'eft-ce
pas vouloir en quelque forte le ré-
duire à l'impoffible? & ne diroit-on
pas qu'il importe peu que les témoins
foient reprochables, pourvu que l'accufé foit condamné?

----

(1) Art. 16 du tit. 15.

CHAPITRE VII.

Des Reproches, Récolemens & Confrontations.

DANS l'usage, le récolement se fait séparément de la confrontation, & les reproches ne sont fournis par l'accusé qu'après le récolement. Nous proposons ici, pour simplifier les opérations, de reprocher le témoin, de le récoler & de le confronter par un même acte & dans une même séance.

Au jour indiqué par le réglement à l'extraordinaire, les témoins se présenteront à l'audience publique vis-à-vis de l'accusé, de la partie civile s'il y en a, & du ministere public, pour être reprochés s'il y a lieu, récolés & confrontés.

C'eſt dans cette importante épreuve
que la vérité doit ſe montrer avec
éclat. Un plaignant, qui accuſe en
face de ſes Concitoyens ; des témoins,
qui comparoiſſent devant eux dans
les Tribunaux pour confirmer leurs
dépoſitions, ou les modifier, ſemblent y porter leur conſcience à dé-
couvert ; l'attention publique péſe
ſur elle, pour ainſi dire ; la vérité
eſt comme forcée de ſortir de leur
bouche. Si ces témoins ont des liai-
ſons ſuſpectes avec l'accuſateur, ils
ſavent qu'ils vont être reprochés
ſur-le-champ : s'ils pouvoient être
capables d'imputations calomnieuſes,
ils ſavent que l'accuſé va les réfuter
avec cette confiance qui accompagne
la bonne foi; & que, ſi le reſpect public donne des entraves à l'impoſ-
ture, il donne une forte d'énergie
à l'innocence.

Voici donc de quelle maniere il paroît utile de procéder. Les témoins feront appellés dans l'ordre fuivant lequel ils auront été entendus lors de l'information ; le Greffier donnera lecture publique de la dénonciation, s'il y en a eu de régulieremenr faite, de la plainte & de l'interrogatoire. Enfuite, & après la lecture des noms & qualités du premier témoin, le Juge demandera à l'accufé s'il a des reproches à fournir contre lui ; le procès-verbal, dicté par le Juge, toujours affifté de deux autres Officiers, contiendra la réponfe de l'accufé, ainfi que les reproches qu'il lui plaira de propofer contre le témoin, s'il en a.

Après ces reproches, il fera donné lecture de la dépofition de ce témoin, & le Juge lui demandera s'il y perfifte, s'il entend y ajouter ou diminuer.

Remarquons ici que, fi le témoin fe rétractoit en alléguant une excufe raifonnable de fon erreur, il ne faudroit pas le pourfuivre comme faux témoin ; cette rigueur feroit plus fatale à l'accufé qu'au témoin peut-être, puifqu'elle feroit à celui-ci une forte de néceffité de perdre l'accufé en perfiflant dans une dépofition fauffe, pour éviter de fe perdre lui-même.

Si le témoin perfifte dans fa dépofition, l'accufé, affifté de fon confeil, fera le maître de lui faire fur cette dépofition telles interpellations qu'il jugera néceffaires, auxquelles interpellations le témoin répondra ce qu'il croira convenable ; & le procès-verbal contiendra tous ces faits, interpellations & réponfes.

La rédaction de ces opérations ayant été lue pour conftater fa régularité, elle fera fignée par l'accufé &

par le témoin s'ils favent figner, &
par les Juges qui procéderont à cette
opération.

Il fera procédé de la forte vis-à-
vis de chaque témoin, en plufieurs
féances, fi le nombre des témoins &
la nature de l'affaire ne permettent
pas de remplir ces formalités dans
une feule.

Les témoins qui n'auroient pas
chargé l'accufé dans l'information,
feront pareillement tenus de comparoître, parce qu'il feroit poffible
que, dans cette épreuve contradic-
toire & publique, ils ajoutaffent à
leur dépofition des faits qui ten-
diffent à la charge ou à la décharge
de l'accufé.

Dans cette efpece de lutte, nous
avons l'attention de ne donner aux
combattans que des armes égales. Si
les témoins ne font pas prévenus fur

les interpellations que l'accusé peut leur faire, l'accusé ne l'est point non-plus sur leurs dépositions, qu'il entend pour la premiere fois lors de cette épreuve; & en tenant ainsi la balance en équilibre entre l'accusateur, ses témoins & l'accusé, c'est à la vérité seule qu'il appartient de la faire pencher.

Cette épreuve publique faite d'une maniere franche, noble & imposante, suffira certainement pour procurer l'évidence dans la plupart des poursuites de ce genre; & si l'accusé, comme il arrive souvent, n'a pas de témoins à faire entendre, le ministere public pourra donner ses conclusions dans la séance où cette épreuve sera terminée, & les Juges mêmes seront à portée de prononcer leur sentence.

Mais il est quelques affaires tellement compliquées, qu'elles exigent une inſtruction plus ample, ſoit relativement à l'incertitude & à la nature des preuves que l'accuſateur peut réunir contre l'accuſé, ſoit relativement aux faits juſtificatifs de l'accuſé contre l'accuſateur : de-là quelques réflexions à propoſer ſur ces preuves & ſur ces faits.

CHAPITRE VIII.

Des Preuves & Indices.

Un accusé doit être abſous, s'il n'exiſte point de preuves contre lui ; ſon innocence eſt préſumée par cela ſeul : il n'eſt pas obligé de prouver qu'il n'a point donné la mort à cet homme dont l'aſſaſſinat forme l'objet de la pourſuite ; il ſuffit qu'aucun témoin ne le charge de ce crime. Gardons-nous de porter atteinte à des maximes pareilles ; ce ſeroit violer les droits les plus ſaints de l'humanité.

Deux témoins unanimes & irréprochables ſuivant nos regles (1),

____

(1) Nous ne nous occuperons point ici des circonſtances qui rendent les témoins reprochables ; nos Criminaliſtes préſentent

qui dépoferoient avoir vu l'accufé commettre l'attentat , fuffiroient pour le conduire au dernier fupplice. Voilà nos principes ; il faut bien les admettre , à moins que la crainte d'être trompés par ce témoignage , ne l'emporte fur celle de tous les défordres que pourroit entraîner l'impunité des crimes. Gémiffons fur les bornes de la fageffe humaine ; elle marche entre des écueils , & le plus dangereux eft celui qu'elle doit éviter.

La confeffion de l'accufé ne pourra former de preuve s'il, n'exifte aucun témoignage contre lui ; l'intérêt qui nous attache à la vie eft fi naturel & fi général, que nous fommes en quelque forte fondés à regarder comme infenfé celui qui , n'ayant

fur cette matiere des prin ipes très-fages, & nous n'écrivons pas pour faire un volume.

aucune efpece de preuve à craindre, s'avoueroit coupable d'un crime affez grave pour devoir être puni par la mort. De-là cette maxime : *Non auditur perire volens.* Mais il n'en doit pas être de même fans doute, quand la confeffion de l'accufé fe trouve jointe à la dépofition précife d'un témoin non-fufpect ; car, fi la crainte de la peine femble faire à l'accufé une néceffité de la dénégation, il faut convenir néanmoins qu'il eft des circonftances où la vérité a un grand empire, fur-tout quand elle eft préfentée à l'accufé par un témoin qui foutient, avec fermeté, lui avoir vu commettre l'attentat.

Quant aux indices qui viennent quelquefois à l'appui de la preuve, ou par lefquels on cherche à la fuppléer, il n'eft pas poffible d'affigner des regles fixes. La preuve fuppofe l'impoffibillité qu'un autre que l'accufé

cufé foit coupable du délit ; l'indice préfente feulement la probabilité que l'accufé en eft coupable. Pour que la Juftice pût condamner fur des indices , il faudroit donc que les probabilités qu'ils préfenteroient ; fuffent tellement accumulées , & offriffent un faifceau de lumieres affez confidérable pour équivaloir à l'évidence de la preuve ; il faudroit que le concours de ces indices multipliés opérât ce que nous appellons *probationes lùce clariores.*

CHAPITRE IX.

Des Faits justificatifs & des Exemptions péremptoires.

L'ORDONNANCE , après une longue & rigoureuse instruction , permet enfin à l'accusé d'articuler des faits pour sa défense, & de demander à en faire la preuve : mais, par les entraves qu'elle met à cette faculté naturelle, on diroit que c'est plutôt une grace qu'une justice qu'elle accorde ; aussi rend-elle cette défense extrémément difficile , soit en refusant à l'accusé toute communication du procès , soit en ne lui permettant pas d'articuler des faits justificatifs, autres que ceux consignés dans ses interrogatoires & confrontations (I)

_____

(1) Art. 2 du tit. 28.

[219]

Supprimons cette injuste & trop dangereuse rigueur.

L'instruction, comme on l'a déjà dit, doit être secrete dans le principe, pour empêcher qu'on ne fasse rien de contraire au succès de la recherche ; elle doit devenir publique à partir du réglement à l'extraordinaire, pour vérifier les dépositions des témoins par l'épreuve la plus efficace : cette formalité remplie, elle doit être commune à l'accusateur & à l'accusé, afin d'y prendre les armes dont ils ont besoin, l'un pour soutenir son attaque, & l'autre pour y défendre (1).

C'est par ces gradations, sagement

____

(1) En Sardaigne, quand l'instruction est faite, on ordonne, au choix de l'accusé, qu'il lui en sera délivré copie, ou qu'elle sera communiquée à son Avocat. *Art.* 3, *tit.* 12, *liv.* 4 *des Constitut.*

K 2

ménagées, qu'on peut arriver dans les affaires difficiles au période né-ceſſaire, tant pour la conviction du crime, que pour la juſtification de l'innocence.

Il ne ſuffira pas à l'accuſé de pouvoir prendre, par ſon défenſeur, communication des pieces du pro-cès, pour mieux aſſurer ſes faits juſ-tificatifs, s'il en a de valables à pro-poſer ; il doit encore lui être permis d'en articuler d'autres que ceux con-ſignés dans ſes interrogatoires & confrontations, ſi ces autres faits ont un trait direct à ſa défenſe : car, lors de ces actes, il a pu omettre des circonſtances eſſentielles, il a pu ignorer des faits important; or, le défaut de mémoire, de préſence d'eſprit, l'ignorance, ne ſont certai-nement pas des crimes qu'il faille punir de mort.

Mais ſera-t-il donc néceſſaire,

dans tous les cas, d'attendre le complément de l'inſtruction, pour que
l'accuſé ſoit admis à la preuve de
ſes faits juſtificatifs?

L'Ordonnance, par une diſpoſition générale, lui interdit toute
eſpece de preuve, ſi ce n'eſt après
la viſite du procès. La dureté de
cette diſpoſition a été ſentie depuis
long-temps ; nos Juriſconſultes ont
en conſéquence cherché des pallia-
tifs. Parmi les moyens qu'un accuſé
peut employer pour ſa défenſe, il
en eſt qu'ils ont caractériſé *d'exceptions péremptoires*, & d'autres de
faits juſtificatifs proprement dits. Ils
ont penſé que la preuve de l'exception péremptoire devoit être ordonnée auſſi-tôt qu'elle étoit demandée,
& que celle des faits juſtificatifs
ne pouvoit l'être qu'après la viſite
du procès.

Mais il s'éleve ſans ceſſe des difficultés fur le point de favoir fi le fait, propofé pour défenfe, forme une exception péremptoire, ou s'il forme un fait purement juftificatif ; & la Jurifprudence n'eft pas invariablement fixée fur cette matiere. Pour éviter cet embarras , ne pourroit-on pas convenir d'une regle claire , précife, & que la nature même de ces fortes d'affaires paroît offrir.

Deux chofes font néceffaires pour juftifier une pourfuite criminelle contre un Citoyen : 1°. il faut qu'il y ait eu délit commis ; 2°. que celui qu'on en accufe, en foit véritablement l'auteur.

Ceci pofé, diftinguons l'accufation qui a pour bafe un corps de délit certain , tel par exemple qu'un cadavre percé de coups , un coffre forcé , &c. , d'avec l'accufation qui fuppofe un délit dont il n'exifte aucunes traces matérielles, & qu'il faut prouver par des témoignages.

Au premier cas , des deux conditions néceſſaires pour légitimer la
pourſuite , l'une eſt acquiſe dès le
premier inſtant ; la Société, qui a
ſous les yeux un corps de délit ,
éprouve, par ce ſeul fait, un trouble réel ; elle a un intérêt très-preſ-
ſant d'en découvrir l'auteur, & de
le faire punir. Il eſt poſſible que
celui que l'on accuſe ſoit coupable ;
il faut donc, ſans aucun retardement,
épuiſer toutes les reſſources que
l'inſtruction peut offrir, pour acqué-
rir & fortifier les preuves. Ainſi, dans
ce cas, l'accuſé ne doit être admis
à prouver les faits relatifs à ſa défenſe , & à faire entendre ſes témoins , qu'après le complément de
l'inſtruction ſur l'accuſation , c'eſt-à-
dire , qu'après l'épreuve de la confrontation publique, telle que nous
l'avons indiquée.

K 4

Dans le second cas , il n'y a point de donnée comme dans le premier, puisqu'il n'existe aucun corps de délit; la Société ne voit nulles traces du crime que l'accusation suppose : cette accusation pourroit être le fruit d'une méprise ou d'une calomnie ; l'intérêt de la poursuite est par conséquent ici bien moins pressant.

Pourquoi, dans ce cas, l'accusé ne seroit-il point admis aussi-tôt son interrogatoire subi , à prouver par exemple que l'homme, qu'on l'accuseroit d'avoir assassiné , existe dans tel ou tel lieu ? pourquoi même , en supposant la réalité d'un délit quelconque , ne seroit-il point reçu à prouver qu'il n'en est pas l'auteur, parce qu'il étoit dans tel pays-fort éloigné de celui du délit, le jour auquel on prétendroit qu'il auroit été commis ? pourquoi enfin , si l'accusation n'avoit d'autre motif que la

méchanceté de l'accufateur , & fi
ce dernier avoit corrompu des témoins pour fervir fa haine , l'accufé
ne feroit-il pas recevable à rendre
plainte contre lui en calomnie &
fubornation , & même en faux témoignage contre tels ou tels témoins ?

Si une pareille plainte étoit préfentée, il faudroit furfeoir à l'inftruction de l'accufation principale, jufqu'à
ce que la plainte incidente eût été
inftruite dans la même forme que
celle ci - deffus propofée. Si cette
plainte étoit juftifiée par l'inftruction , il faudroit, en y faifant droit,
anéantir en même temps l'accufation principale dont la calomnie feroit évidente alors. Enfin , fi la
plainte incidente n'étoit pas juftifiée , il faudroit que le Jugement
qui la profcriroit, ordonnât qu'il feroit paffé outre à la confrontation

publique fur la plainte principale,
pour juger définitivement d'après
cette derniere épreuve.

Ainfi, nous ne perdons pas de
vue les deux grands objets qui doivent perpétuellement occuper, dans
une matiere de cette importance,
*l'intérêt du corps focial, & les droits
de l'homme.* Quand il exifte un corps
de délit certain, donnons la préférence dans la pourfuite à *l'intérêt
focial;* car la certitude du trouble
exige qu'on arrive le plus promp-
tement poffible à la conviction
du coupable. S'il n'exifte point
de corps de délit au contraire,
écoutons *l'homme,* quand il s'ecrie:
*Aucun fait extérieur ne dépofe contre
moi; je ne fuis accufé que par la méchanceté de quelques ennemis; la preuve
de mon innocence & de leur impofture
eft dans la bouche de mes témoins, en-
tendez-les!*

CHAPITRE X.

Des Jugemens de premiere inſtance.

CES Jugemens ſont interlocutoires ou définitifs.

Un Jugement interlocutoire eſt celui qui admet l'accuſé à prouver ſes exceptions péremptoires ou ſes faits juſtificatifs, & nous venons d'en apprécier l'utilité.

C'étoit encore un Jugement interlocutoire que celui qui, dans le cas d'inſuffiſance des preuves, ordonnoit que l'accuſé ſeroit appliqué à la queſtion, & d'après lequel le Juge ſembloit lui dire : *Si tu t'avoues coupable, ton aveu te conduit au ſupplice ; ſi tu ne veux pas te condamner à la mort par ton aveu, je vais te faire ſouffrir un tourment plus aigu & plus long que celui de la mort prompte, à laquelle tu te condamnerois ; si tu es assez robuste pour que la douleur n'ébranle pas ta fermeté , que tu mérites la mort ou non, tu vivras.* Bénissons le Législateur, dont la main bienfaisante vient d'arracher cette disposition barbare de notre Code (1).

La Justice ordonne quelquefois un plus amplement informé pendant un an, quand elle n'a pas de preuves suffisantes pour condamner ou pour absoudre. Cet usage mérite d'être conservé : mais il paroît trop dur de l'étendre au plus amplement informé indéfini. Dans ce cas, un accusé n'est relâché qu'avec menaces de le reprendre s'il se présente de nouveaux indices : c'est tenir un Citoyen perpétuellement sous l'anathême de la Loi ; c'est imprimer la tache de l'infamie sur le front d'un

____

(1) Déclaration du Roi, du mois de Septemb. 1780.

accusé qui , peut - être , n'est pas coupable : il vit en transe ; il voit le glaive de la Justice suspendu sur sa tête ; il craint à chaque instant de tomber sous ses coups : cet état est trop cruel. Si après le plus amplement informé pendant un an , il ne survient pas de nouvelles preuves, il faut renvoyer l'accusé , en prononçant par un *hors de Cour* sur l'accusation.

Ce *hors de Cour* n'emportera point d'infamie. Il peut rendre l'accusé suspect: mais si sa conduite ultérieure est d'une honnêteté soutenue , les gens de bien n'imputeront son infortune qu'à ce concours de circonstances quelquefois assez fatales, pour prêter à l'innocence même , les apparences du crime.

Il est deux autres sortes de Jugemens définitifs ; celui de la décharge pleine & entiere , s'il n'existe

point de preuves contre l'accusé ; &
celui de la condamnation , s'il y a
preuves suffisantes contre lui.

Mais , quels que soient les Jugemens , interlocutoires ou définitifs,
l'inſtruction une fois devenue publique ', à partir du réglement à
l'extraordinaire, il convient que ces
Jugemens ſoient publiquement rendus , & même que l'accuſé ſoit
admis à faire plaider ſa cauſe, quand
elle eſt telle qu'un défenſeur honnête
doive faire des efforts pour lui. Si
des affaires du plus modique objet,
qui n'intéreſſent que deux particuliers, & qui ſont indifférentes à
l'ordre public ., ſe diſcutent tous
les jours dans nos Audiences ou-
vertes à tous les Citoyens ; à plus
forte raiſon doit-on diſcuter & juger
publiquement ces pourſuites rigou-
reuſes , qui ont pour objet l'intérêt
de la Société entiere ; & n'eſt - il

pas étrange de lui faire un secret d'une discussion engagée pour elle ? Ajoutons que cette publicité ne peut qu'assurer la régularité du Jugement. Hélas ! tel est le sort des vertus humaines , que souvent, pour ne se point démentir , elles ont besoin d'être soutenues par la présence imposante du Public.

CHAPITRE XI.

De l'Appel des Jugemens définitifs.

L'APPEL, dont nous entendons parler ici, n'a d'autre objet que la révision du Jugement de premiere instance par les Juges Souverains du ressort, quand le crime qui fait la matiere de la poursuite, doit être puni par une des peines indiquées au Chapitre VI de cette troisieme Partie; quand il s'agit en un mot, de flétrir un Citoyen, de le priver de sa liberté ou de sa vie. Les droits de l'homme ne sont-ils pas assez précieux pour ne pas faire dépendre son sort d'un premier Jugement ? Il importe à l'humanité, & à l'intérêt public, que l'appel soit de droit en pareilles circonstances, ou qu'il soit toujours interjetté par

l'Officier chargé du ministere public , quand bien même l'accusé ne
réclameroit pas (1).

Suivant le Code Britannique , il
n'y a pas lieu à l'appel du Jugement
de premiere instance, quand ce Jugement contient la décharge de
l'accusation : mais s'il y a Jugement
de condamnation, & que cette condamnation contre l'accusé soit notoirement injuste , elle est anéantie
sur la poursuite du Roi.

Cette disposition tient au vice
même du Code , qui , par excès
de ménagement pour l'humanité,
perd quelquefois de vue les intérêts
du corps social. Nous avons dit que
la perfection de la Loi , dans ce
genre , devoit consister à tenir la
balance égale entre les droits de

____

(1) Même regle, art. 1er. tit. 22, liv. 4
des Constitutions de Sardaigne.

l'homme & l'intérêt de la Société.
En partant de ce principe , nous
penſons que la Sentence qui décharge un accuſé en matiere grave ,
doit être ſujette à réviſion comme
celle qui le condamne à ſubir la
peine : au premier cas , parce que
l'intérêt du corps ſocial a pu être
ſacrifié aux égards dus à l'homme ;
au ſecond cas , parce que les égards
dus à l'homme ont pu être ſacrifiés à
une recherche injuſte, dont l'intérêt
du corps ſocial auroit été le prétexte.

Mais quelle ſera la forme la meil-
leure pour procéder à cette réviſion ?

L'affaire a reçu ſon inſtruction en
premiere inſtance ; les informations,
les interrogatoires , les procès-ver-
baux de reproches , récolement &
confrontation , en font partie ; la
promptitude de l'expédition ſemble
exiger que des procès de ce genre
ſoient diſtribués de la maniere preſ-

crite par l'Ordonnance de 1670, pour être rapportés par l'un des Magiſtrats en la Chambre de la Tournelle, & d'après les concluſions par écrit du miniſtere public.

Mais ſeroit-ce nuire à l'expédition, que de faire ces rapports publiquement, & de donner au Public en dernier reſſort comme en premiere inſtance, la ſatisfaction d'être inſtruit des circonſtances d'une affaire pourſuivie en ſon nom? Le rapport public n'entraîneroit pas , ce ſemble , de plus longs délais ni de plus grands détails que le rapport ſecret. De jeunes Magiſtrats trouveroient dans cette carriere de nouveaux motifs d'une noble émulation , & les occaſions d'étendre leur gloire (1).

____

(1) La publicité du rapport n'empêcheroit pas qu'on ne fît retirer le Public pour recueillir les voix avec plus de liberté.

Ce seroit alors que dans ces affaires sur-tout qui excitent un grand intérêt, soit à raison de la qualité des personnages, soit à raison de la bizarrerie des circonstances, un innocent déchargé de l'accusation, jouiroit de tout son triomphe. Avec quelle sainte ivresse le Public assemblé entendroit l'Arrêt qui briseroit sa chaîne ! avec quelle satisfaction ses amis voleroient dans ses bras ! L'éclat d'une pareille justification n'est-il pas dû à l'homme de bien qui a long-temps souffert ? & les larmes d'une joie pure, qui couleroient alors dans le sanctuaire, n'honoreroient-elles pas la Justice ?

Si la justification d'un innocent excite la sensibilité d'une ame vertueuse, la conviction du crime produit l'indignation : le cœur alors se ferme à la pitié ; & le Public, préparé à l'un ou à l'autre de ces évé

nemens par un rapport lumineux &
par une difcuffion fage , trouveroit
dans cette expofition , une morale
d'autant plus perfuafive que l'exemple y feroit joint au précepte , &
que la peine y fuivroit de près le
crime : le fentiment profond & général produit par ces hautes leçons ,
pourroit-il être autre que l'horreur
du vice & l'amour de la vertu (1)?

---

(1) La maniere dont nos Coûrs Souveraines
font compofées, met à l'abri de toute inquié-
tude fur la forme ufitée pour les rapports. Ce
qu'on propofe ici, n'a d'autre objet qu'un plus
grand bien.

CHAPITRE XII.

De la pluralité néceſſaire dans les ſuffrages pour la condamnation.

LES hommes ſont jugés par des hommes ; & des Juges également honnêtes, également inſtruits, different quelquefois dans leurs avis. Dans les Tribunaux les voix ſe comptent, & la pluralité l'emporte. Mais quand il s'agit d'une condamnation capitale, ne faudroit-il pas une pluralité plus grande, qu'en toute autre matiere ? Les Rédacteurs de notre Code ont paru ſentir cette vérité : en conſéquence l'art. 12 du tit. 25 porte qu'en Cour Souveraine le Jugement doit paſſer à l'avis le plus doux, ſi le plus ſévere ne prévaut de deux voix. Mais eſt-ce encore aſſez de deux voix de plus contre

l'accufé dans un Tribunal compofé
d'un grand nombre de Juges ? & le
peu d'importance que cette différence paroît avoir , permet-il de lui
donner un effet auffi terrible que
celui de conduire un Citoyen à l'é-
chafaud ? Pouvons-nous croire que
l'infortuné qu'on envoie à la mort
foit évidemment convaincu du crime qui la mérite , quand dans un
Tribunal de vingt-fix Juges , par
exemple, douze ont été d'avis qu'il
ne devoit pas périr ?

Nous ne propoferons pas d'adopter la Loi Britannique , qui fait dépendre la condamnation capitale de
l'unanimité des fuffrages : ce feroit
la rendre fouvent trop difficile , lors
même qu'elle feroit évidemment mé-
ritée ; car la volonté d'un feul pourroit alors balancer la volonté de tous
les autres. Mais ne pourroit-on pas
trouver un tempérament qui fe-

roit juſtifié par les calculs de la pru-
dence ? Suivant nos uſages, il ſuffit
de trois Juges pour prononcer ſur
une accuſation capitale en premiere
inſtance ; parmi ces trois Juges , il
ſuffit qu'il y en ait deux pour la
condamnation. Confirmons cette regle , en établiſſant la même proportion pour le Jugement de Cour Souveraine. Le condamné en cauſe principale par un Tribunal de trois Juges , ne l'a été que parce qu'il a eu
au-moins deux voix contre lui, c'eſt-
à-dire , dans cette eſpece , les deux
tiers du Tribunal. Pourquoi, en Cour
Souveraine, n'exigeroit-on pas , pour
une condamnation pareille , les deux
tiers des voix contre l'accuſé ?

Cette pluralité ſeroit aſſez conſidérable, pour tranquilliſer les eſprits
ſur la crainte d'une erreur fatale à
l'innocence, & ne le ſeroit pas aſſez
pour

pour craindre que le crime prouvé ne fût pas puni.

Au surplus, la plupart des affaires criminelles, sur - tout d'après l'épreuve de la confrontation publique, si elle est admise, doivent porter avec elles un caractere d'évidence, qui de lui-même entraîne la plus grande pluralité. La condition des Juges seroit bien douloureuse, si, quand il est question des droits les plus précieux de l'humanité, de l'état & de la vie des hommes, ils n'avoient jamais que des problêmes difficiles à résoudre. Mais quand ces cas se présenteront, n'oublions pas que le sang de l'innocent crie vengeance, & qu'il vaudroit mieux laisser plusieurs crimes impunis, que de risquer de le répandre.

L

CHAPITRE XIII.

Des Jugemens souverains & de leur exécution.

S'AGIT-IL d'un Arrêt qui contienne la décharge d'un accusé, soit en confirmant, soit en infirmant le Jugement de premiere instance ? la Justice ne sauroit être trop attentive à proportionner la réparation au préjudice; car les outrages faits à l'homme juste, alarment la plus précieuse portion de la Société, tous les gens de bien.

Si le ministere public a poursuivi seul sur une rumeur trompeuse, & sans dénonciation réguliere, alors ce sera le cas de décerner à l'accusé un exécutoire sur la caisse des confiscations pour le montant de l'indemnité qui lui est due, ainsi que nous l'avons expliqué Chapitre XIII de la premiere Partie.

Si la pourſuite a été faite par le miniſtere public conjointement avec une partie civile, c'eſt la partie civile qui doit être condamnée à la réparation du préjudice.

Si le miniſtere public a pourſuivi ſeul ſur une dénonciation ſecrette d'abord, mais devenue publique à la confrontation (1), & qu'il ſoit évident que la dénonciation n'étoit pas le fruit de l'erreur, mais celui de la méchanceté ; le dénonciateur doit être condamné par le même Jugement qui abſoudra l'accuſé, à l'indemnité du tort qu'il lui a fait (2) ;

____

(1) Voyez Chap. VII de cette IIIᵉ. Partie.

(2) Dans nos uſages , l'accuſé ne peut obliger le miniſtere public à lui nommer ſon dénonciateur qu'après qu'il a été déchargé par Arrêt ; de ſorte qu'il faut que ce malheureux, après avoir long-temps ſouffert, ait

& en cas d'infolvabilité ; cette indemnité doit être fuppléée par la caiffe
des confifcations , puifque la pourfuite a été faite au nom du miniftere
public, fauf à lui à requérir contre
le calomniateur qui l'a trompé , les
peines afflictives que l'ordre focial a
le droit d'exiger pour un délit de ce
genre.

S'agit - il d'un Arrêt de condamnation ? il doit s'exécuter avec la
plus grande publicité. Que le criminel foit conduit dans le lieu de fon
crime ! que le fcandale foit réparé
par l'exemple du châtiment ! S'il eft
queftion de la peine de mort, que
cette peine foit toujours précédée de
ce cérémonial impofant, dans lequel

encore un nouveau procès pour parvenir à
fon indemnité, ou qu'il y renonce fi fa fortune, épuifée par le premier procès, ne lui
permet pas d'en foutenir un fecond.

le coupable, à genoux & la torche
au poing , demande pardon à Dieu
& à la Juſtice. S'il s'agit d'un coupable puni par la déportation dans
les Colonies, ou par la condamnation aux travaux publics , qu'il
ſoit expoſé publiquement au pilori
ou au carcan dans les carrefours,
avec les marques indicatives de ſon
crime ! car la langue des ſignes eſt
éloquente pour le Peuple , il faut
frapper ſes yeux. Que l'Arrêt de
condamnation à mort rappelle ſur-
tout l'atrocité du délit, pour empêcher la pitié que pourroit produire
le ſpectacle du ſupplice ! car un Peuple n'eſt jamais vertueux quand il
n'eſt contenu que par la crainte des
peines ; il faut qu'il le ſoit encore
par cette horreur du crime , qui
n'exiſte jamais ſans le goût du bien.

C'eſt ici qu'une Nation qui prétend avoir atteint le plus haut de-

gré de fageſſe dans ſa Police pénale, s'eſt écartée viſiblement du but. En Angleterre le ſupplice eſt comme dépouillé de cette horreur qui forme ſa véritable utilité. Les coupables, ſouvent en aſſez grand nombre, ſont conduits environnés de leurs parens, de leurs amis, au lieu de l'exécution : ils haranguent le Public ; ils font bravade d'une froide intrépidité ; ils regardent la mort prompte qui les attend, comme un paſſage rapide qui va les délivrer des miſeres humaines ; & le Peuple, en s'aſſemblant autour d'eux, paroît moins avoir pour objet de les humilier par ſon indignation, que d'applaudir à leur courage.

CHAPITRE XIV.

De la Contumace.

Si un accufé, par la crainte d'une inftruction auffi rigoureufe que la nôtre, ou par quelqu'autre motif, fe dérobe à un décret de prife-de-corps lancé contre lui, la Loi veut que fes biens foient faifis & annotés, fans même qu'il foit befoin de permiffion de Juge (1).

L'Ordonnance civile prefcrit aux Tribunaux de ne prononcer une condamnation demandée contre une partie défaillante, même pour l'intérêt le plus modique, qu'autant que fa demande fe trouve vérifiée; & l'Ordonnance criminelle, quand il s'agit de la mort civile du défail-

---

(1) Art. 1er du tit. 17.

L 4

lant , de fa ruine entiere , & de fa confifcation de fes biens , veut que le Jugement qui interviendra contre le contumax fur les conclufions du miniftere public , déclare la contumace bien inftruite , qu'il en adjuge le profit , & qu'il prononce la condamnation de l'accufé (1) : ainfi la Loi paroît réputer l'accufation juftifiée , par la feule raifon que l'accufé ne fe préfente point pour la combattre.

Ce procédé tient à l'exceffive févérité de notre Code. Si nous blâmons quelques ufages de nos voifins , nous pourrions adopter en partie leurs principes fur l'objet dont il s'agit ici.

En Angleterre , celui contre qui le Juge a décerné un décret de prife-de-corps , eft fommé de com-

____

(1) Art. 15 du tit. 17.

paroître par cinq proclamations fuc-
ceſſives : à défaut de ſatisfaire à la
derniere, il eſt réputé ex-Loi ; c'eſt-
à-dire qu'il eſt privé de la protection
de la Loi, & qu'il ne peut plus
jouir alors des biens qu'elle accorde
à chaque individu ; les Tribunaux
ſont fermés pour lui, & il n'a plus
d'action en Juſtice pour la conſer-
vation de ſes droits. Adoptons cet
uſage, ou, ſi l'on veut, ne permettons de ſaiſir & annoter les biens-
meubles & les revenus de l'accuſé
qu'après lui avoir fait, à des époques différentes, trois ſommations
de ſe préſenter ; mais ne le décla-
rons pas coupable, par la ſeule raiſon qu'il ne ſe préſentera pas : que
les témoins qui ont été entendus
contre lui, ſoient récolés & confrontés à l'Audience vis-à-vis du miniſtere public, auquel il appartient de
défendre les intérêts des abſens,

comme ceux du corps social ; &
que le miniftere public leur faffe
alors telles interpellations que lui
fuggérera l'amour de la vérité & de
la juftice. Si les preuves fubfiftent,
que le contumax foit condamné ;
s'il n'en exifte point, qu'il foit déchargé ; s'il refte de la fufpicion,
qu'il foit mis hors de Cour. En cas
de condamnation pour délit grave,
la confifcation aura lieu de la maniere ci-deffus expliquée, s'il ne fe
préfente pas dans les cinq ans de la
contumace : en cas de décharge ou
de hors de Cour, il fera condamné
en une amende, pour avoir défobéi
aux ordres de la Juftice, en refufant
de fe préfenter.

Les autres difpofitions de notre
Ordonnance de 1670, tant fur cet
objet que fur plufieurs de ceux qui
précedent, nous paroiffent pouvoir
fubfifter fans inconvéniens : on

trouve même dans cette Loi une
multitude de regles de détail très-
précieufes ; mais elles ne forment,
pour ainſi dire, qu'un luxe de dé-
corations ajoutées à un monument
antique & barbare (1). Il auroit
fallu commencer par renverſer le
monument.

____

(1) Les anciennes Ordonnances qui ont
fait la baſe de celle de 1670.

CHAPITRE XV.

Idée d'un Supplément nécessaire à cet Ouvrage.

DANS les réflexions rapides que nous venons de tracer, nous sommes loin d'avoir tout apprécié, tout prévu; cependant notre Plan embraſſoit plus d'étendue encore, lorſque nous l'avons conçu.

Il ne ſuffit point en effet de fixer les vrais principes de la matiere, de proportionner les peines aux différens genres de délits, & de régler la maniere dont on doit procéder à leur pourſuite : ce ſeroit rendre à l'humanité un ſervice beaucoup plus important, que d'établir les précautions propres à rendre ces délits moins fréquens, & les peines par conſéquent plus rares. Cet objet d'utilité paroît moins dépendre des Loix que des mœurs : mais le Légiſlateur, par des réglemens ſages, peut parvenir à modifier les mœurs, & rendre à l'homme la pratique des vertus plus facile, en éloignant de lui les motifs qui le portent aux vices, & ces occaſions dangereuſes qui ſont comme le ſoyer de leur fermentation.

Ces vices paroiſſent avoir quatre cauſes principales : les beſoins réels de la pauvreté, qui peuvent quelquefois l'engager à des rapines & à des vols ; les beſoins factices du luxe, qui conduiſent à l'eſprit d'intrigue & aux infidélités ; le goût du célibat ſouvent produit par le luxe, & qui eſt à ſon tour la cauſe productive des atteintes portées à l'honneur conjugal & à la pureté des mœurs ; l'inſuffiſance de notre éducation publique, qui enſeigne des mots &

néglige les chofes, qui donne de la fcience & non de la vertu.

Il faudroit donc voir, 1°. comment l'Etat, fans augmenter fes dé-penfes, pourroit affurer l'exiftence des Ouvriers & Artifans les plus pauvres; foit en établiffant le prix de leurs journées, de maniere que, malgré les variations de celui des denrées néceffaires à leur fubfiftance, ils fuffent toujours au-deffus de la mifere; foit en les occupant pour le compte du Roi dans chaque Province à un prix inférieur, quand ils ne feroient point occupés par les particuliers (1).

____

(1) Si le prix de la journée étoit fixé à tant de livres de pain que l'Ouvrier recevroit en argent, la révolution de cette denrée ne feroit plus aucun changement pour lui; & le Propriétaire qui l'emploie feroit comme forcé de lui donner ce prix, fi l'Ouvrier, à fon refus,

2°. Fixer le degré d'utilité, dont
le luxe peut être dans une Monar-

étoit fûr d'être employé pour le compte du
Roi à un prix peu inférieur à celui-ci. Il n'y
a pas de Province peut-être, où l'on ne
puiffe établir des travaux utiles pour le Roi,
fuivant la nature de fon fol & de fes productions ; travail de fer pour les canons, les
ancres, les vaiffeaux, dans les Provinces qui
produifent des mines de fer; travail de chan-
vre pour les cordages, les toiles & les voiles,
dans les Provinces où cette forte de produc-
tion eft abondante; travail de laines pour la
fabrication des draps propres à l'habillement
des troupes, dans les Provinces où les bêtes
à laine fe multiplient avec le plus de fuccès,
&c. &c. &c. : il n'y auroit plus alors de
mendiants qu'on ne pût arrêter & faire paffer
dans des colonies nouvelles comme mauvais
fujets : il n'y auroit plus d'hôpitaux que pour
les infirmes, les vieillards, les enfans-trouvés
& les femmes en couche; ce qui laifferoit
dans plufieurs de ces établiffemens un grand
efpace, qui pourroit être propre à plufieurs
ouvrages de la nature de ceux que nous venons d'indiquer.

chie telle que celle-ci , où les richeffes font partagées avec la plus
grande inégalité ; déterminer les
claffes dans lefquelles les dépenfes
occafionnées par le luxe fe trouvent
comme néceffaires pour répandre le
fuperflu des richeffes dans les mains
d'Artiftes intelligens & laborieux ;
indiquer les moyens de refferrer les
autres claffes de Citoyens dans de
juftes bornes , en conciliänt leur
amour - propre avec leur intérêt
perfonnel mieux entendu & mieux
fenti (1).

---

(1) Seroit-ce une mauvaife Loi que celle
qui permettroit les dépenfes de luxe, dans la
proportion de la fortune annoncée par la
contribution aux charges publiques ; & qui,
par raifon de réciprocité, régleroit cette contribution dans la proportion de la fortune
annoncée par les dépenfes de luxe? Il réful-
teroit de-là, que comme chaque Citoyen affez
communément paie au Roi le moins qu'il

3°. Réprimer le célibat & honorer le mariage. Impofer des taxes
onéreufes à ce célibataire, qui ne
tenant à rien, & rapportant tout à
lui, achete la jouiffance momenta-
née de plufieurs femmes, & n'en
veut pas avoir une feule en propriété ; qui détruit l'harmonie de
l'union conjugale; enleve au mari la
confiance d'embraffer comme fiens

peut, il proportionneroit fon fafte à fa fortune réelle, dans la crainte de fupporter une
cotifation fupérieure à fes facultés. Ainfi pourroit être réprimée cette manie de prendre les
marques d'une condition fupérieure à la fienne;
cette fureur de fe diftinguer, qui ne produit
plus que de la confufion, quand elle eft générale ; ce goût de fe ruiner par rivalité d'of-
tentation. L'homme quelquefois eft un grand
enfant qui aime le bruit & le fracas; il faut
alors ufer de ftratagême avec lui pour le
rendre fage, & lui faire des lifieres avec fon
intérêt perfonnel, pour prévenir la chûte que
lui prépare fon amour-propre.

les enfans de fon époufe ; lui laiffe des charges onéreufes , dont l'amour paternel ne peut le dédommager ; lui donne des éleves qui fe croiront difpenfés de tous devoirs envers lui , parce qu'ils n'auront pas la certitude de leur origine , & des fucceffeurs étrangers qui fe partageront fes dépouilles , comme les voleurs partagent leurs rapines. Honorer le mariage , en donnant à mérite égal la préférence pour les charges & les emplois aux gens mariés ; en diminuant leurs taxes publiques dans la proportion des accroiffemens de leurs charges doméftiques par la furvenance des enfans : confacrer d'une maniere plus particuliere la fainteté de ce lien, en empêchant ces unions infruétueufes pour l'Etat , & contraires au vœu de la nature, par la grande difproportion des âges.

4°. Etablir une éducation publi-

que, où l'on poferoit les principes
de la morale univerfelle, d'après les
annales du monde ; où l'on préfen-
teroit le tableau des devoirs de
l'homme focial, dans toutes les conditions ; où l'on feroit connoître les paf-
fions relatives à tous les âges, pour
prémunir contre leurs dangers ; où,
malgré l'égoïfme actuel, on refti-
tueroit au mot *Patrie* fon ancienne
valeur ; où l'on éleveroit des ames
encore neuves & d'autant plus fenfibles, jufqu'à l'enthoufiafme du bien
public, par ces traits fublimes qu'offrent les faftes de quelques Nations ;
où l'on décerneroit des prix, non
pas aux éleves qui écriroient ou par-
leroient le mieux, mais à ceux qui,
dans telle fituation embarraffante &
difficile, décideroient avec jufteffe
ce qu'il feroit plus noble de faire ;
où l'on apprendroit aux jeunes gens
de qualité, que la Nobleffe accor-

dée par le Prince à leurs ancêtres,
étoit un rayon de fa gloire répandu
fur leurs vertus , & que cette gloire
s'éteindra pour eux, s'ils ne les fui-
vent dans la carriere qu'ils leur ont
ouverte ; à la jeuneffe d'un ordre inférieur, que les talens utiles à l'Etat
font préférables aux tréfors accu-
mulés par l'avarice, & à la Nobleffe
qui dégénere ; aux enfans du Peuple, que la probité eft refpectable,
même dans les derniers rangs, &
que fi la Providence les condamne
au travail & à la frugalité , elle a
réfervé pour eux une fanté plus
robufte & des jouiffances plus vi-
ves (1).

La grande fcience eft de favoir

---

(1) Une chaire de Morale étoit fondée au
College Royal à Paris : comment arrive-t'il
qu'il n'exifte point de Profeffeur pour une
partie auffi intéreffante?

faire aimer à chacun son état ; de lier toutes les conditions les unes aux autres ; de ne faire de la Nation entiere qu'une seule & même famille, dont les aînés , sous l'autorité du pere commun , jouissent de prérogatives distinguées , à la charge de protéger & secourir leurs freres.

Quel champ à parcourir encore ! combien de vérités utiles ne pourroit-on pas y semer , dont la génération future recueilleroit les fruits ! mais ce champ est trop vaste , & le temps que nous pouvions lui donner étoit trop court. Quand les Tribunaux sont fermés & que le Jurisconsulte n'a plus de Citoyens à défendre (1) , il lui est permis sans doute de rêver au bonheur de l'hu-

____

(1) Cet Écrit a été fait dans les vacances de 1780, par M. ****, ancien Avocat au Parlement {de Paris.

manité : s'il fe trompe, il a fon excufe dans fon cœur ; s'il ne fe trompe
pas, il jouit du plaifir d'avoir re-
cueilli d'importantes vérités ; & fi
des efprits plus profonds, des gé-
nies vaftes, en tirent des conféquen-
ces plus étendues, il applaudit à
leurs fuccès.

FAUTES A CORRIGER.

Page 117, *ligne* 10, les humiliations de l'offensé; *lisez* les humiliations de l'offense.

Page 156, *ligne* 19, un amende; *lisez* une amende.

Page 174, *ligne* 3, sur poursuite; *lisez* sur la poursuite.

www.ingramcontent.com/pod-product-compliance
Lightning Source LLC
LaVergne TN
LVHW020148030726
842520LV00003B/647